延安1938 YAN'AN

◎王纪刚 著

陕西新华出版传媒集团
太白文艺出版社

图书在版编目（CIP）数据

延安1938 / 王纪刚著. -- 西安：太白文艺出版社，2018.9（2020年1月重印）
ISBN 978-7-5513-1528-9

Ⅰ.①延… Ⅱ.①王… Ⅲ.①中国共产党－党史－史料－1938 Ⅳ.①D231

中国版本图书馆CIP数据核字(2018)第225169号

延安1938
YAN'AN 1938

作　　者	王纪刚
责任编辑	李　玫　谢　天
出版发行	陕西新华出版传媒集团 太 白 文 艺 出 版 社
经　　销	新华书店
印　　刷	陕西金德佳印务有限公司
开　　本	787mm×1092mm　1/16
字　　数	230千字
印　　张	16.75
版　　次	2018年9月第1版
印　　次	2020年1月第3次印刷
书　　号	ISBN 978-7-5513-1528-9
定　　价	36.00元

版权所有　翻印必究
如有印装质量问题，可寄出版社印制部调换
联系电话：029-81206800
出版社地址：西安市曲江新区登高路1388号（邮编：710061）
营销中心电话：029-87277748　029-87217872

写在前面

1938年，对于延安来说，注定是一个不平常的年份。

自从中共中央1937年1月正式进驻延安之后，延安作为中国革命的大本营，作为中国抗日战争的总后方，就担负起了非同寻常的角色。延安也因此成为一种象征，一种符号，一种精神力量，一种家园情怀，在来到以及还未来到延安的许多人心目中，刻下了深深的烙印。

七七事变爆发后，中华民族全面抗战随之开始。中国共产党以民族大义为重，发布了《国共合作宣言》以及《抗日救国十大纲领》，拥护孙中山先生倡导的三民主义，倡导实行全国军事和全国人民的总动员，在国共两党合作基础上，建立全国各党各派各界各军的抗日民族统一战线，共同筑起中华民族抗敌御辱的坚固长城。

时光的日历进入了1938年。

这一年，随着中国共产党擎起的抗战大旗高高飘扬，来自全国各地的爱国人士、青年学生、知识分子，以及来自海内外的华侨学生、国际友人等纷纷来到延安。有的是以工作者的姿态投身于民族抗战运动，有的是以学习者的身份希望学成后尽快走向抗日战场，有的是以追求光明者的身份寻找答案，有的是以观察者的身份进行考察……据不完全统计，仅1938年5月至8月，经八路军驻西安办事处介绍赴延安的知识青年就有2288人。而后来广为流传的"三八式"干部，正是因为在1938年来延安投身革命、参加革命队伍的新鲜力量出现了井喷，曾一度达到了峰值[1]。

这一年，中国共产党领导下的八路军、新四军继续奔向抗战最前线，并建立起一个又一个敌后抗日根据地。

这一年，中国共产党不断地走向发展和成熟，在领导人民积极抗战，发展党员和党的建设，处理国际国内关系、对外交流与交往，抗日民族统一战线建设等方面，成绩斐然。

这一年，作为中国共产党领导下的陕甘宁边区政府，也在政治、经济、文化、边区建设等各个领域，包括在政权建设、议会选举、文化教育、移风易俗等方面，成效卓著。

这一年，延安的中国人民抗日军政大学（简称"抗大"）办得轰轰烈烈，并成为抗大办学史上招生人数最多的一年。鲁迅艺术学院、马列学院等新的干部院校先后创办，还办起了专门面向残疾军人的荣誉军人学校以及面向幼稚孩童的陕甘宁边区保育院。

这一年，中国共产党人不断深化对马克思主义中国化的认识，成立了新哲学会，开展了各种理论学习活动，并召开了具有深远意义的扩大的六届六中全会，不仅从中央全会的高度深化了对马克思主义与中国革命实际相结合的认识，明确了中国共产党在民族战争中的地位，更从组织层面上奠定和明确了毛泽东在党内的领导地位，从而使中国革命和中国共产党在正确的航道上不断前行。

这一年，以毛泽东《论持久战》《抗日游击战争的战略问题》等经典论著的问世，标志着中国共产党人在领导全民抗战过程中，不仅在指导思想方面达到了成熟，同时也有力地纠正了抗战进程中影响力不可小觑的"速胜论""亡国论"，鼓舞并有效指导了民族

---

[1] 齐礼编：《陕甘宁边区实录》，解放社，1939年12月版，第147页。

抗战事业全面有效地开展，以后的事实也证明了以毛泽东为代表的中国共产党人对战争形势的精准预见。

这一年，延安召开了一系列的成立、纪念大会，包括三八妇女节大会、边区青年代表大会、边区工人代表大会等，成立了延安世界语者协会、延安电影团以及各类文艺文学社团与演剧团。

这一年，延安也迎来了抱着看一看再决定是否留下来态度的著名音乐家冼星海、著名摄影家吴印咸，迎来了著名爱国民主人士梁漱溟，迎来了国民党第二战区副司令长官卫立煌，迎来了国际共产主义战士白求恩，迎来了美国海军陆战队军官卡尔逊，迎来了第一个到延安采访的欧洲记者博斯哈德，迎来了国际学联的代表……

正因此，1938年的延安值得珍视，值得回望，值得记忆。

本书就是放眼中国革命特别是中共中央在延安13年的历史，结合1938年所发生的重要事件、典型人物以及各方面的生活样态，遵循历史原貌，参阅各类经典文献，特别是当时人、当事人的回忆，以平实的语言、精彩的片段向大家展示出1938年真实的延安。其中也使用了许多历史图片与照片，主要选自于中央档案馆、延安革命纪念馆以及公开出版的相关文献资料，囿于体例，对照片的来源与作者未能在文中一一说明。真诚感谢这些历史照片的拍摄者和提供者，未及之处，敬请谅解。

下面，就让我们一起随着一段段文字和一幅幅图片，走进1938年的延安吧！

目 录

1/ 引子：迎接一九三八年

3/ 山沟沟有了演剧团

12/ 《血祭上海》盛大公演

17/ 外国人写的《红星照耀中国》

23/ 夜话梁漱溟

28/ 建立全中国的"五台山"

35/ 街头上的诗歌

46/ 妇女节大会

52/ 边区青年代表大会

57/ 游击队歌

63/ 延安颂

67/ 抗大！抗大！

78/ 艺术家的摇篮

92/ 理论家的殿堂

101/ 荣誉军人教导院

107/ 娃娃们的保育院

115/ 冼星海来了

122/ 白求恩：我是一名八路军战士

130/ 延安来了个美国兵

140/ 博斯哈德：第一个来延安的欧洲记者

146/ 世界学联的代表

155/ 延安也有世界语

163/ 毛泽东会见卫立煌

169/ 工人的代表大会

176/ 五四晚会

182/ 不辞而别的张国焘

188/ 不速之客：日本侵略者的飞机

195/ 影响深远的《论持久战》

200/ 打出我们的游击战

208/ 黄土坡诞生了新哲学会

213/ 窑洞中的文艺社团

220/ 延安成立了电影团

226/ 文艺要下乡

232/ 意义非凡的中共六届六中全会

238/ 生产运动号角吹响了

244/ 光荣的劳动英雄

250/ 我歌唱延安（代后记）

引子：迎接一九三八年①

1937年忽忽地过去了，带来了血的光明的1938年。

全国的人民，各党派、各军队，在1937年，曾经用他最大的努力为了反抗民族的共同敌人，取得了国内的和平团结，打开了百多年来中国历史上所未曾有的和平统一局面，奠定了中华民族解放独立的稳固基础。有五千年悠久历史的中华民族，历尽了千波万浪，内战、互相残杀的痛苦，敌人的压迫与蹂躏，几乎迫得我们喘不过气来。在1937年，这个民族已经大大地觉醒了，东亚睡狮已放出了求生存的怒鸣。他震醒了四万万五千万睡着的同胞，惊破了敌人的狗胆。在这个基础上，我们揭开了民族解放自卫战争的一幕。汹涌澎湃的巨浪，立即波及全国各地，以至于偏僻的乡村、最落后的人群，这是中华民族伟大的胜利。

民族自卫战争已经6个月了，我们虽然在这个抗战初期，遭受着部分的失利，我们丝毫用不着悲观，在我国内部更加团结的基础上，在敌人内部困难增加与国际关系更加好转的形势下，我们一定能挽救目前严重局面，在最近的将来，将进入向敌人大举反攻，使抗战转败为胜。

---

① 《短评：迎接一九三八年》，《新中华报》1938年1月5日，第1版。

　　1938年来了,是中华民族以自己的血肉换取自由独立解放的一年。在迎接1938年的来临,我们将预见这个伟大的民族,比去年,比前年,比任何时候更团结,把四万万五千万人民结成一座牢不可破的长城,来粉碎日寇的侵略,把敌人赶到东海之滨去,让敌人在我们更精诚团结的前面发抖吧!覆灭吧!

　　在迎接1938年的今天,我们每一个人民均应把定着持久抗战,长期抗战,继续抵抗到底的决心。因为只有持久抗战,才能消灭敌人有生力量,动摇妥协是自取灭亡。我们只有着一个信念:不屈服,不投降,继续抗战到底,最后胜利必然是我们的!

> 延安古城西南，有个市场沟，是商家云集的地方，这里最热闹的是身处其中的露天剧场，因为经常有地方剧团去公演。

山沟沟有了演剧团

1938年春，延安市召开了工人代表会议。会议期间安排了晚会，演出的是秦腔传统剧目《升官图》《五典坡》。延安老百姓争先恐后去看戏，把剧场挤得水泄不通。看到热闹处，小伙子们激动得又是鼓掌又是打口哨，连声叫好！观众席中，边区工会负责人齐华正陪同中共领导人毛泽东看戏，并向毛泽东介绍了在座的边区文化协会副主任柯仲平。其实当晚演出的戏就是在柯仲平他们的支持下排演的。

毛泽东边看边对柯仲平说：你看秦腔这种形式，群众这么喜欢，如果换成抗日的内容，就成为革命的戏了。你看我们是不是应该搞？[1] 毛泽东的建议一下子打动了柯仲平。作为"狂飙诗人"的代表人物，柯仲平来到延安以后，就刻意地改变着自己原来的创作风格，力求用大众化、群众性的语言创作符合抗战主题的作品，目的就是希望让更多普通群众听得懂、看得懂。

柯仲平立即行动起来，首先请来了延安师范的语文教员兼学生业余"乡

---

[1] 黄俊耀：《踏遍陕北山山水水的民众剧团》，艾克恩编：《延安文艺回忆录》，中国社会科学出版社，1992年5月版，第230页。

毛泽东观看演出

土剧团"领导马健翎，然后又去找演员、筹措经费，忙活了好长时间。经过一段时间的筹备，"陕甘宁边区民众剧团"是以一九三八年七月四日成立的"民众娱乐改进会"为基础建立起来的①。当晚在延安城内东街的火神庙戏台上，正式演出了马健翎创作的两个秦腔革命现代戏《好男儿》和《一条路》。演出前，神采飞扬的柯仲平面对欢腾的观众大声说：今晚，是咱们民众剧团演出的第一台戏。②

这时的柯仲平是兴奋而激动的。由于当时经费紧张，柯仲平筹办民众剧团没有一分钱的拨款。为此，为了民众剧团的筹办，毛泽东捐助了300元，剧团用这笔钱买了驮道具的毛驴和汽灯等。八路军120师师长贺龙从晋西北前线回来，给了20元法币。时任中共负责人的周恩来、博古（秦邦宪）每人

陕甘宁边区民众剧团演出马健翎创作的
秦腔《血泪仇》剧照

---

① 钟敬之：《延安十年戏剧图集（1937—1947）》，上海文艺出版社，1982年12月版，第17页。
② 黄俊耀：《踏遍陕北山山水水的民众剧团》，艾克恩编：《延安艺术家》，陕西人民教育出版社，1992年8月版，第216—217页。

给了50元法币。后来贺龙还特意把从前线缴获的战利品如钢盔、皮鞋、军刀、军大衣等，托刘白羽、林山等人捎给民众剧团作为道具。

民众剧团的特点，就在于它真正是民众的剧团，团员全是老百姓中的艺术家。他们利用和改造各种旧的娱乐形式（主要是秦腔戏），把反映抗战、反映边区老百姓生活的新内容，经过艺术创造，展示出来。所到之处，受到老百姓热烈的欢迎。他们还创作了抗战建国内容的歌词，在各民众团体中组织了"民众歌咏班"，学唱抗战歌曲。[1] 民众剧团团旗上写着"大众艺术野战兵团"几个大字。舞台两边贴着对联，上联"中国气派，民族形式，工农大众，喜闻乐见"；下联"明白世理，尽情尽理，有说有笑，红火热闹"；横额是"团结抗战"。[2]

1938年10月25日，延安《新中华报》刊发了柯仲平的文章《生长着的民众剧团》，描述了民众剧团受到群众欢迎的情景：本月16日演出的马健翎的《好男儿》一剧，受到大众热烈欢迎。17日给西北青代会演出后，代表说："想不到秦腔也能弄得这么好呀！"为纪念鲁迅，10月19日，民众剧团在民教馆演出时，几乎把戏台挤倒。剧团同志们不怕天冷穿单衣，不怕只有一尺宽的地方睡觉，不怕无一盏汽灯和幕布，他们有耐劳性、创造性、战斗性。

西北战地服务团赴前线宣传

曾代表鲁迅艺术学院（简称"鲁艺"）参加西北战地服务团赴前线宣传演出的舒湮回忆起他们深入晋察冀边区，于1938年春节在山西临汾演出

---

[1] 齐礼编：《陕甘宁边区实录》，解放社，1939年12月版，第111页。
[2] 艾克恩编：《延安文艺运动纪盛》，文化艺术出版社，1987年1月版，第78页。

1938年8月1日，鲁艺第二届开学典礼与鲁艺实验剧团成立合影

表现贺龙、萧克智取雁门关的京剧《三打雁门关》时的场景：

  当你看见贺、萧二将穿着灰色现代军装，在急急风的密锣紧鼓中起霸登场，自报家门："俺贺龙是也！""俺萧克是也！"谁也禁不住好笑。接着，两位将军分列两边，同声念白："今日朱总司令开帐，你我两厢伺候。"于是在一片吆喝声中，"朱总司令"出场，但见一个抹成锅底灰，腮上挂着一块权作髯口的黑布的张飞式怪模怪样角色升帐了。大家更笑得合不拢嘴，连朱德本人在台下也乐开了。照例，元帅升帐必须有段引子，引子是："塞北喋血宣国威，杀得倭寇望风靡。"这时，"贺龙""萧克"依照京剧身段，单跪一腿参见元戎。"朱德"照例一声"罢了，二位将军免礼！"戏就如此这般演下去了。[①]

  这虽然是艺术家们一开始在利用传统戏剧服务群众时，必然要经历的不成熟阶段，但也凸显了毛泽东所倡导的成立专门的民众剧团，对传统戏

---

  ① 舒湮：《在舞台上的人生——我的剧作和演戏生活》，王培元：《抗战时期的延安鲁艺》，广西师范大学出版社，1999年5月版，第255页。

曲进行进一步改造的深刻用意。

在边区民众剧团成立并广泛开展演出活动的同时,鲁艺也在1938年8月1日成立了自己的剧团——鲁艺实验剧团。这是一个人才比较集中的专业戏剧团体,其成员大部分是鲁艺戏剧系第一届毕业生。延安《新中华报》特刊报道了实验剧团的任务:

> 实验剧团要负起艺术大众化的任务,创造着抗战戏剧,并不是为艺术而艺术。我们的艺术,是服从于抗战的,是为抗战而服务的。因此,我们要打到大众中间去发挥抗战戏剧的力量,并且向广大的群众学习,也就是说,使得理论与实践密切地联系起来,利用我们的铁笔、咽喉、舞台,去暴露敌人的阴谋残暴,去组织教育着广大的群众,动员他们去参加抗战,保卫自己的家乡,保卫西北,保卫大武汉,保卫全中国。……我们的工作,也带有极大的战斗性,我们在准备工作中短短的三个月里,定出了一个简单的计划,就是,在戏剧方面,预定要创造出五个独幕话剧,一个三幕剧,三个旧戏(旧形式新内容),两个活报,一个长的影戏。这些工作在三个月的时间里是不容易完成的,但是我们在向它奋斗,自八月十日起我们每个团员和工作人员利用突击的力量要达到这个尺度,而且我们还要利用高速度去超过计划。①

实验剧团成立后,不仅在戏剧系的教学实践中发挥了重要的作用,同时也通过排演节目丰富了延安的文化生活。当时担任鲁艺副院长的沙可夫在回顾鲁艺创办初期的工作时总结:在一年中我们组织了百次以上的公演晚会,在一二万个学生与党政军干部中多少起了宣传教育的作用。②

紧接着,1938年10月,八路军后方留守兵团领导的烽火剧团成立。该剧团由红军时期的宣传队演变而来,下属5个分队。鲁艺选派翟强、冼星海等人做艺术指导。担任团长的蔺子安为烽火剧团创作了团歌:

---

① 孙强:《实验剧团与她的母校》,《新中华报》1938年9月5日,第4版。
② 沙可夫:《鲁迅艺术学院的创立》,艾克恩编:《延安艺术家》,陕西人民教育出版社,1992年8月版,第11页。

> 我们是熊熊的一把火焰,
> 我们是民族解放的先锋队员。
> 我们要用戏剧来从事宣传,
> 要动员广大的群众来参加抗战。
> 舞台是我们的堡垒,
> 街头是我们的营盘。
> 我们抗战不怕困难,
> 打倒日本强盗,
> 胜利在我们前面。

烽火剧团多次到陕甘宁边区各县流动演出,主要节目有歌舞剧《小放牛》、京剧《过关》、秦腔剧《治病》、话剧《李秀成之死》、活报剧《纪念十月革命》等。[①]

1938年成立的这些演剧团,连同此前成立的西北战地服务团等宣传机构,通过精心创作和精彩演出,不仅为古城延安增添了热闹的气氛和亮丽的色彩,也给当时还处在文化荒漠中的陕北高原带来了文化艺术的丰厚食粮。延安古城西南,有个市场沟,是商家云集的地方,这里最热闹的是身处其中的露天剧场,因为经常有地方剧团去公演。[②]曾担任鲁艺戏剧系主任的张庚回忆:

> 当时的延安很热闹,除鲁艺外,还有吴雪同志领导的青年艺术剧院(1941年成立),苏一平同志领导的西北文工团,柯仲平、马健翎同志领导的民众剧团,部队艺术学校,还有地方的剧团,差不多有十几个剧团,几乎每天都演戏。演出的剧目也很多,开初的时候主要是自己写剧本,到后来曹禺、夏衍、阳翰笙、阿英等人的剧本都演过。还演过不少苏联的剧本:《前线》《带枪的人》《铁甲列车》《马门教授》。[③]

[①] 艾克恩编:《延安文艺运动纪盛》,文化艺术出版社,1987年1月版,第95—96页。
[②] 戴碧湘:《演出在风沙雨雪中》,艾克恩编:《延安艺术家》,陕西人民教育出版社,1992年8月版,第269页。
[③] 张庚:《我在延安的戏剧活动》,艾克恩编:《延安艺术家》,陕西人民教育出版社,1992年8月版,第35页。

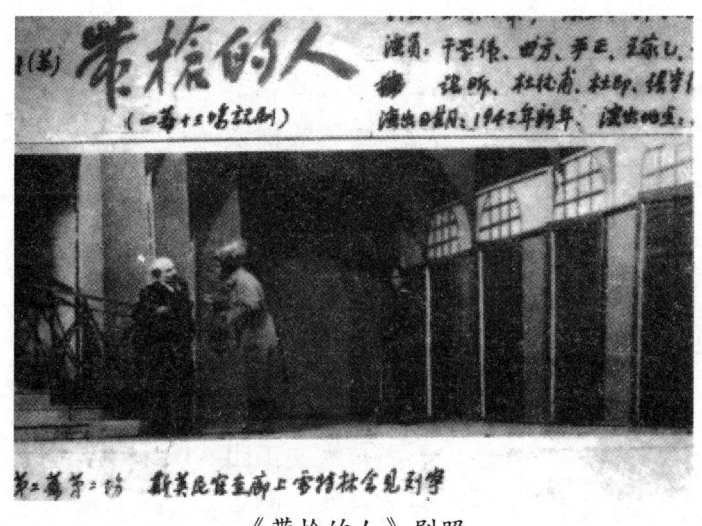

《带枪的人》剧照

据统计，1938年在延安演出的剧目主要有①：

剧目	演出单位
《小放牛》（小型歌舞剧）	烽火剧团
《保卫卢沟桥》	联合演出
《血祭上海》	联合演出
《人命贩子》	鲁艺戏剧系
《矿山》	鲁艺戏剧系
《团圆》	联合演出
《鲁迅活报》	鲁艺戏剧系
《秋阳》	鲁艺戏剧系
《林中口哨》	鲁艺戏剧系
《一心堂》	鲁艺戏剧系
《打虎沟》	鲁艺实验剧团
《大舟河》	鲁艺

---

① 刘增杰、赵明、王文金等编：《抗日战争时期延安及各抗日民主根据地文学运动资料》上册，山西人民出版社，1983年4月，第1版，第303页。

《游击队母亲》	抗大文工团
《国际玩具店》	鲁艺戏剧系
《渡口》	鲁艺戏剧系
《希特勒之梦》	鲁艺戏剧系
《血宴》	鲁艺戏剧系
《流寇队长》	鲁艺戏剧系
《弟兄们拉起手来》	鲁艺戏剧系
《红灯》	鲁艺戏剧系
《保卫马德里》	抗大文工团
《放下你的鞭子》	鲁艺戏剧系
《油布》	鲁艺戏剧系
《八一三的晚上》	联合演出
《绿包袱》	鲁艺戏剧系
《火药箱子》	鲁艺戏剧系
《世界公园》	鲁艺戏剧系
《延安三部曲》	八路军总政治部等联合演出
《修飞机场活报》	鲁艺戏剧系
《九一八前后》	鲁艺
《抓汉奸》（街头剧）	鲁艺戏剧系
《告地状》（街头剧）	鲁艺戏剧系
《反正》	抗大文工团
《张家店》	抗大文工团
《还我的孩子》	抗大文工团
《麻袋》	鲁艺
《军火船》	鲁艺戏剧系
《锁住的箱子》	鲁艺戏剧系
《农村曲》（歌剧）	鲁艺

《学不够》（京戏活报）	鲁艺旧戏研究班
《松花江》（新京戏）	鲁艺
《松林恨》（新京戏）	鲁艺
《白山黑水》（新京戏）	西北战地服务团
《一二·九活报》	鲁艺旧戏研究班
《小过年》（新京戏）	鲁艺旧戏研究班
《刘家村》（新京戏）	鲁艺旧戏研究班
《查路条》（眉户戏）	民众剧团
《十二把镰刀》（眉户戏）	民众剧团
《血手》	八路军总部炮兵团宣传队
《没有祖国的孩子》	陕北公学
《破坏》	党校
《良民》	鲁艺戏剧系
《三江好》	抗大文工团

> 首场演出成功之后,《血祭上海》在延安连续公演了20天,观众达一万多人,"这次公演推动延安艺术界新阵容的建立,也就成为鲁迅艺术学院成立的先声"。

《血祭上海》盛大公演

1938年初春的时候,延安古城显得特别活跃。好像有什么兴奋的新奇事要到来似的,各机关学校都忙着开会,全城沉浸在愉快而紧张的气氛中。一了解,原来是为纪念"一·二八"淞沪抗战[①]6周年,延安的文艺界正酝酿着排演一出剧作,要在这次伟大的纪念中显示出自己的力量。

当时在延安有抗大、陕北公学(简称"陕公")、中央党校等培养军政民运工作干部的专门学校,培养出了许多优秀的军政干部,但专门培养艺术干部的学校还没有。因此在延安的艺术家们都是分散在各个学校及机关中,大家平时团聚在一起的机会并不多,这次"一·二八"淞沪抗战纪念活动,则为延安的艺术家们提供了很好的活动平台。因为要开一个隆重的纪念晚会,而距离演出的时间也越来越近,除了刚刚来到延安的一批上海、北平的艺术家外,活动负责人又从抗大、陕公、党政群机关中集中了一批生气勃勃的青年艺术家,他们利用短短两星期的时间突击工作,很快

[①]1932年1月28日,日本军队在上海突袭闸北,蓄意挑起针对中国的军事行动,中国守军进行了顽强抵抗,中共上海地下党组织响应中共中央号召,动员全市人民组织义勇军、救护队、担架队等,参加和支援前线作战,使日军遭受重创,也在中国抗日战争史上写下了光辉的一页。

就集体创作出了四幕话剧《血祭上海》。该剧本是根据抗日英雄胡阿毛的真实事迹创作的。胡阿毛是上海的一个汽车司机,被日军抓去运送军火,他以中华民族利益为重,奋不顾身,在运输途中将装满日军弹药的汽车开进黄浦江,本人也壮烈牺牲。

1938年1月28日的纪念晚会上,四幕话剧《血祭上海》正式公演。晚会在延安二道街的基督教堂①,也就是当时的"中央大礼堂"里举行。刚从南方来到延安的青年记者团代表舒湮,也观看了演出,由于是被邀请的来宾,舒湮和其他记者团成员被安排坐在会场前排。他们到达时,演出会场上已经挤满了抗大、陕公和中央党校的

延安二道街浸信会基督教堂

学员们,大家都是朝气蓬勃的青年,情绪非常高昂,歌声此起彼伏。

舒湮已经知道当晚会演出《血祭上海》,并且参与演出的许多人他在上海时就很熟悉。所以趁着演出前的空隙,他特地走进后台,与原在上海就认识的或曾经同台演过戏的左明(上海救亡演剧第五队队长)、蓝苹(江青)、李琳(孙维世)等人热情地握手,互相拥抱致意。

晚会先从一幕苏联舞蹈——《快乐的集体农庄员》开始,这种新型的舞蹈节目,对来自南方的舒湮和其他人是完全陌生的。很快,舒湮与在座

---

① 延安二道街浸信会(基督教新教宗派之一)教堂,由英国浸信会传教士欧内斯特·波尔斯特·史密斯筹资与延安居民共同建造,1914年11月1日正式建成。此教堂坐北朝南,砖瓦结构,内置木地板,设备考究,后毁于日军空袭。

《血祭上海》演职人员

观众所期待的话剧——四幕剧《血祭上海》正式开始演出了。① 音乐家向隅担任该剧的配乐以及手风琴伴奏。② 由于参与演出的演职员有的是红军时期的革命文艺家,有的是来自上海等地的作家或话剧、电影演员,他们的艺术功底深厚,表演技巧娴熟,演出获得了巨大的成功。要知道,在当时条件下能够取得这样全城轰动的演出效果是很不容易的,因为当时"边区连一盏电灯也没有,舞台的设备的困难是用不着说的"③,但即使临时搭起的舞台十分简陋,演员们的表演却非常吸引人,不时博得观众的热烈掌声。④

首场演出成功之后,《血祭上海》在延安连续公演了20天,观众达一万多人,"这次公演推动延安艺术界新阵容的建立,也就成为鲁迅艺术

---

① 舒湮:《微生断梦:舒湮和冒氏家族》,中央编译出版社,2000年3月版,第356页。
② 向隅:《追求与奉献》,艾克恩编:《延安艺术家》,陕西人民教育出版社,1992年8月版,第381页。
③ 艾思奇:《谈谈边区的文化》,《新中华报》1938年3月5日。
④ 李清潍:《我到了延安》,中共临沂地委党史资料征集委员会:《忆沂蒙》续,山东人民出版社,1985年7月版,第153页。

学院成立的先声"①。

《血祭上海》首演成功后,1938年2月21日,边区文协召集该剧的演职人员以及周扬、沙可夫等20余位文化工作者,专门召开了座谈会,总结演出的得失。②任白戈首先介绍说:《血祭上海》是为纪念"一·二八"事变而作的,参加集体创作的是朱光、左明、沙可夫、徐一心、黄天和我。剧本是左明提出的,本来叫作《黄阿毛》,共5幕,后来在演出时剧名就改了。朱光补充道:这剧是第一次的集体创作,着重表现工人怎样为民族而光荣地牺牲、知识分子的参加抗战和汉奸对抗战事业的破坏。沙可夫认为虽然在表演上还有待再提高,但剧本的主题在于表现中国人民在"一·二八"战争中英勇的牺牲,坚决和汉奸做斗争。大家从主题、表演等方面还坦诚地提出了许多意见。

不久以前的一个晚上,宣传部门邀请参加演出的全体人员一起聚餐座谈,祝贺演出的成功,毛泽东等中央领导也参加了座谈。毛泽东说:这么多的艺术人才聚到一起不容易,就不要再散了。大家谈到延安当时已经有了培养军政干部的抗大与陕北公学,但是还没有专门的艺术学校,就提议以这些艺术家们为基础,加紧创办一所艺术院校。毛泽东、周恩来等人当即表示赞成,会上议定以鲁迅先生的名字命名,一则表示对这位伟人的纪念,二则表示要沿着他开辟的道路大

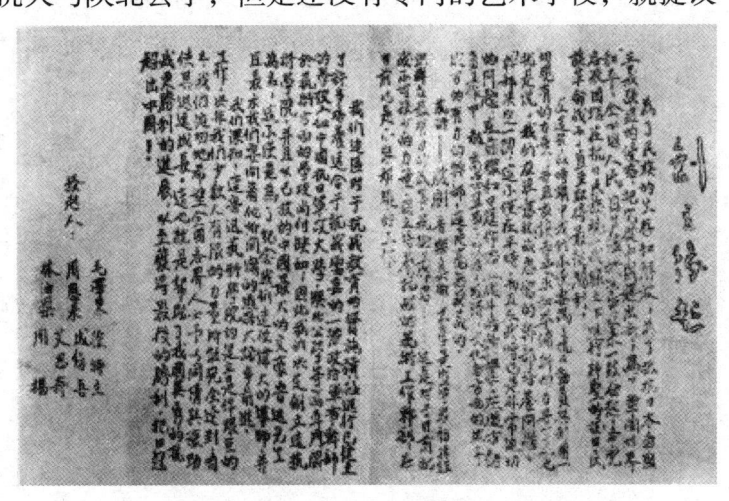

毛泽东等联署的《鲁艺创立缘起》

---

① 鲁迅艺术学院周年纪念特辑,徐一新:《艺术新园地是怎样开辟的》,《新中华报》1939年5月10日,第4版。
②《血祭上海座谈会摘要》,《新中华报》1938年3月5日,第4版。

步前进。这个提议获得了现场人员一致的掌声，纷纷表示赞同。会后，遂由沙可夫、朱光、徐一新、吕骥、左明等组成筹备委员会着手筹备。① 一个星期后，由毛泽东、周恩来、林伯渠、徐特立、成仿吾、艾思奇、周扬等发起的《鲁艺创立缘起》公布了。在大家的共同努力下，鲁艺也很快招生并正式办学。

据曾在抗大学习的丁雪松回忆，当时还在抗大学习的时年十七八岁的孙维世以一出《血祭上海》而崭露头角，后来留苏学习，回来之后就成了名导演。

毛泽东对参与《血祭上海》演出的张平印象深刻。在延安抗大的一次舞会上，毛泽东问张平的爱人，你爱人在哪个部门工作，叫什么？

她回答："在抗大，叫仉平。"张平的爱人把"仉"(zhǎng)字念作"张"(zhāng)。

毛泽东说："不就是在话剧《血祭上海》中演黄阿毛的那个小伙子吗？他演得不错。不过他的姓应该念'涨'，不念'张'。"纠正了那个发音后，接着又说："你爱人是山东人吧？至少他祖籍应该是山东曲阜人。"

张平的爱人只知他从小在上海长大，不知道他到底是哪里人，一时答不上来。

毛泽东说："你没听说'孟母仉氏'吗？在中国，姓这个姓的人极少，现在姓仉的，差不多都住在山东省曲阜县，他们不是孔家的佃户，就是孟家的佃户……。"

张平本姓仉，原名仉家驹，山东曲阜人。抗战前他在上海参加左翼戏剧活动时，改名仉平。后来参加拍电影，署演职员表时，因"仉"字认识的人不多，容易误念为"仇"或"倪"，才改姓张的。②

---

① 孙国林、曹桂芳编：《毛泽东文艺思想指引下的延安文艺》，花山文艺出版社，1992年4月版，第486页。
② 江羽、孔今骥：《名人姓名趣谈》，山西人民出版社，1988年8月版，第162—163页。

> 《西行漫记》围绕着一系列中外读者对中国共产党领袖和红军的问题开始——都是些什么样的人？他们怎样工作？他们想干什么？

外国人写的《红星照耀中国》

1938年2月，美国著名记者埃德加·斯诺写的《红星照耀中国》在上海出版，由于当时的特殊环境，书名最初叫《西行漫记》。即使如此，该书一经面世，就在众多的读者中引起了强烈的震撼与反响，甚至因此改变了许多人的人生轨迹。如果要追根溯源，这本书还是"出口转内销"的产物呢。

1937年10月，斯诺将发表于英美报刊上介绍中国共产党红色根据地的系列报道，结集为《红星照耀中国》一书。其英文本首先由英国伦敦的维克多·格兰茨公司出版，并很快轰动英国，几个星期内就销售10万余册，10月底前3次印刷，仍然供不应求。到12月，已连续出了5版。美国版则是1938年1月3日由兰登出版社发行问世，除插图外，内容和英国初版完全相同。该书出版后，1个月内就售出1.2万册，连印数次，并于当年7月修订增加内容后再版

1938年2月10日，
由复社出版的《西行漫记》

埃德加·斯诺在陕北保安

发行。

这本书的作者埃德加·斯诺1905年出生于美国堪萨斯城。1928年来到中国，在上海担任《密勒氏评论报》的助理编辑，并兼任纽约《太阳报》和伦敦《每日先驱报》的特约通讯员。1933年至1938年在北平燕京大学（今北京大学）任教。曾在中国西南的有关地区进行过考察，也目睹了"九一八"事变以及中国人民抗击日军的淞沪抗战。斯诺带着探究的心理，在宋庆龄以及中共地下党员的协助下，于1936年6月从北平出发，经西安，冒着重重危险，秘密来到陕甘宁边区，成为采访红色革命根据地的第一个外国记者。

毛泽东对斯诺的采访非常重视，把这种采访活动视为冲破国民党对中国共产党所领导的抗日根据地、中国工农红军的舆论封锁，向国内外人士客观介绍中国共产党及其所领导的陕甘宁根据地的重要契机。毛泽东与斯诺几乎每天都要进行长时间的谈话，代表中国共产党就外交、论日本帝国主义、内政问题、特殊问题、论联合战线等问题发表了看法。斯诺还在根据地以及红军前线深入考察，并与许多中共领袖、红军将领以及红军战士进行了深入交流。

《红星照耀中国》能够在上海出版，是因为还在兰登版英文本出版以前，上海租界内的一批抗日志士就在中共上海地下党组织的支持下，用"复社"的名义，征得时在上海的斯诺同意，于1938年2月集体翻译并出版了此书。斯诺除对原著的文字做了少量增删外，还增加了大量采访时所拍摄的照片，并为中译本写了序言。为了便于在国民党统治区和日军占领区销售和传播此书，中文本就使用了《西行漫记》这个名称作为掩护。第1版发行后，顿时销售一空，以后接连数版，仅在上海一地就印了5万本。国内各抗日根据地、游击区、香港及东南亚华侨聚居区内也出现了数不胜数的重印本和翻印本。①

《西行漫记》围绕着一系列中外读者对中国共产党领袖和红军的问题开始——都是些什么样的人？他们怎样工作？他们想干什么？②以平实、客观的笔触，通过作者第一手的采访资料，对毛泽东、朱德、周恩来等中国共产党领导人，对陕北革命根据地的红军指战员、普通民众进行了客观的描述，并介绍了

1938年出版的《红星照耀中国》

中国共产党的抗日政策、民主政权建设，以及作者所感受到的根据地的日常生活。

1938年1月24日，斯诺在上海为《西行漫记》中文版撰写的序言中写道：

> 从字面上讲起来，这一本书是我写的，这是真的。可是从最实际主义的意义来讲，这些故事却是中国革命青年们所创造，所写下的。这些革命青年们使本书所描写的故事活着。所以这一本书如果是一种正确的记录和解释，那就因为这是他们的书。
>
> 而且从严格的字面上的意义来讲，这一本书的一大部分也不是我写的，而是毛泽东、彭德怀、周恩来、林伯渠、徐海东、徐特立、林彪这些人——他们的斗争生活就是本书描写的对象——所口述的。此外还有毛泽东、彭德怀等人所作的长篇谈话，用春水一般清澈的言辞，解释中国革命的原因

---

① 周洪钧：《〈西行漫记〉与中美关系》，中国史沫特莱·斯特朗·斯诺研究会编：《〈西行漫记〉和我》，国际文化出版公司，1991年2月版，第90页。

② 江羽、孔今骥：《名人姓名趣谈》，山西人民出版社，1988年8月版，第162—163页。

和目的。还有几十篇和无名的红色战士、农民、工人、知识分子所作的对话,从这些对话里面,读者可以约略窥知使他们成为不可征服的那种精神,那种力量,那种欲望,那种热情。——凡是这些,断不是一个作家所能创造出来的。

……创造这本书的故事的勇敢的男女战士,现在正在每天用英勇的牺牲精神,在写着许多的别的书,对于这些男女战士,我愿意和他们握手道贺。原来在这些老资格"赤匪"之中,有许多位,是我在中国十年以来所遇见过的最优秀的男女哩。①

该书一经出版,立刻产生了轰动,并在许多进步青年和爱国人士中引起了强烈的反响。据当时在上海求学的陈一鸣回忆:

我们拿到这本红书,争相阅读,心情兴奋。在上海一百多所大、中学校里,特别是学生组织的读书会里,普遍传阅或讨论。有的地方,一本书被拆成几部分,几个学生交换着看。青年们热爱这本红书,进一步焕发了革命热情,走上坚持抗战和革命的道路。我也就是读了这本书后,受到了强烈的感染,促进了共产主义人生观的确立而投身革命的。在我学习过的一所进步学校麦伦中学里,上海地下党的领导人刘晓,曾化名林庚汉在那儿任教。……参加翻译《西行漫记》的林淡秋、冯宾符等著名文化工作者,也在该校任教。他们培育青年,还指导各班级学生读书会的阅读和讨论,《西行漫记》成为必读书。②

后来成为著名漫画家的华君武就是因为看了《西行漫记》,才走上了追求光明的道路,华君武描述道:

(1938年的某一天,好友)递给我一本中文版的《西行漫记》,读着读着,我被它吸引住了。从感性上我了解了中国共产党、中国工农红军和

---

① 埃德加·斯诺:《西行漫记》,董乐山译,解放军文艺出版社,2002年6月版,第7—10页。
② 陈一鸣:《红星照耀青年去战斗》,中国史沫特莱·斯特朗·斯诺研究会编:《〈西行漫记〉和我》,国际文化出版公司,1991年2月版,第28页。

老百姓的关系,原来中国还有这样一块地方——陕北。那是和我所厌恶的国民党统治的旧社会和丑恶的十里洋场上海完全不同的一块净土,那边空气新鲜,人和人的关系是平等的,呼吸是自由的,共产党和红军是一贯主张爱国抗日的。《西行漫记》用大量的事实,给我澄清了国民党对共产党长期的造谣污蔑、反共宣传。

1938年上海沦陷,我更加处于一种不甘心当亡国奴又不愿跟着国民党走的情况下,斯诺的《西行漫记》真可以说是黑暗中的火把。我瞒着家庭、亲戚、朋友和同事,……秘密地离开了

华君武

上海,……单身一人经过3个月的长途跋涉,途经香港、广州、长沙、汉口、重庆、成都、宝鸡、西安,最后到达了陕北,已经是隆冬的季节。这都是《西行漫记》给了我力量。①

后来在延安中央党校学习的季梅先也坦承他是随着《西行漫记》而来到延安的:

就在1938年,(从事地下工作的)我通过渠道得到一本被当局列为禁书的《西行漫记》,如饥似渴地阅读起来,一连看了好几天。……我从书的字里行间感受到延安伟大的力量,毛主席和延安的形象在我的脑海中鲜活起来。(后来进入中央党校学习,检查身体时,发现有肺病,便没有再去复查)就怕检查出问题后把我送出延安,当时想在延安学习这个机会来之不易,不能就这么失去。②

---

① 华君武:《崇敬和感激》,中国史沫特莱·斯特朗·斯诺研究会编:《〈西行漫记〉和我》,国际文化出版公司,1991年2月版,第105页。
② 季梅先:《随〈西行漫记〉赴延安中央党校》,中共上海市委党史研究室编:《口述上海:浦江之畔忆延安》,上海教育出版社,2009年9月版,第113页。

著名的国际主义战士、加拿大共产党员白求恩大夫,在八路军抗战前线抢救伤病员间隙给加拿大友人写信道:

请读埃德加·斯诺的《红星照耀中国》和艾格妮丝·史沫特莱的《红军在前进》。读后你们定将与我同感……①

可以说,斯诺的经典之作《红星照耀中国》不仅感染并打动了许许多多中华民族的爱国志士,促使他们投奔延安,寻找光明,而且也成为世界各国人民了解中国、了解中国革命、了解中国共产党最早的窗口和桥梁。

---

① 詹姆士·贝特兰:《斯特朗、史沫特莱、斯诺和〈红星照耀中国〉的写作》,中国史沫特莱·斯特朗·斯诺研究会编:《〈西行漫记〉和我》,国际文化出版公司,1991年2月版,第79页。

> 第二次谈话也是从下午六点开始，是紧接着的，不过这一次不是谈到凌晨，而是谈到天明，一个通宵，欲罢而不能。这次谈话的内容是中国问题，亦即是如何建设一个新的中国问题。

夜话梁漱溟

梁漱溟

1938年1月1日，著名学者梁漱溟飞抵西安。此行的目的，用梁漱溟自己的话来说，是"自请视察陕西及河南"，但"目的地实是延安"。① 梁漱溟去延安是有两件事要做：一是对中国共产党做一考察；二是与中共负责人有意见要交换。

梁漱溟（1893—1988），著名思想家、社会活动家、爱国民主人士。曾任教北京大学哲学系。20世纪30年代在邹平创办山东乡村建设研究院，倡导乡村建设运动。此后担任国民参政会参政员。

日本帝国主义发动全面侵华战争后，梁漱溟看到国民党抗战不力，特别是国难当头，一些国民党大员无心抗战，只顾逃难，甚至有的还把资产、妻儿送往国外。国民党政府的种种表现令他十分失望，他对抗战的前途也

---

① 梁漱溟：《忆往谈旧录》，金城出版社，2006年2月版，第185—186页。

因此很悲观。同时,梁漱溟对共产主义的学说很感兴趣,虽然读过毛泽东的一些著作文章,却没有机会探讨这个问题。日本帝国主义侵略中国后,中国共产党提出一系列抗战主张,特别是倡导国共合作,一致抗日,深得人心。现在国民党方面令人失望了,共产党方面又怎么样呢?百闻不如一见。正因为上述两个原因,梁漱溟便产生了赴延安见毛泽东的念头。但由于他是国民参政会参政员,还需征得蒋介石的同意,获得批准后,梁漱溟又与八路军驻武汉办事处接洽,受到中国共产党的欢迎,于是很快成行。

1938年1月5日,梁漱溟启程前往延安,随行的还有照料他的侄女婿和外甥。① 来延安的路途所见,给梁漱溟留下了深刻的印象:时当严冬,奇冷难支,举目所见,荒凉凄惨。人口之稀少,地方之穷苦,一望而知,可不待问。而愈问愈惊,多有出人意表者。②

而在延安的所见所闻,更是让这个辛亥革命时期即参加同盟会的见多识广的社会活动家感到惊奇:

1938年初,毛泽东与民主人士梁漱溟在延安交谈

然而在极苦的物质环境中,那里的气象确是活泼,精神确是发扬。政府、党部、机关、学校都是散在城外四郊,傍山掘洞穴以成。满街满谷,除乡下人外,男男女女皆穿制服的,稀见长袍与洋装。人都很忙!无悠闲雅静之意。军队皆开赴前方,只有些保安队。所见那样制服的人,多数为学生……

一般看去,各项人等,生活水准都差不多。没有享受优厚的人,是一种好的风气。人人喜欢研究,喜欢学习,不仅学生。或者说人人都像学生。这又

---

① 汪东林:《梁漱溟问答录》,湖北人民出版社,2004年2月版,第82页。
② 梁漱溟:《梁漱溟自述:我是怎样一个人》,当代中国出版社,2012年7月版,第74页。

是一种好的风气。爱唱歌，爱开会，亦是他们的一种风气。①

梁漱溟在延安期间，参观了边区政府和各级党政机关、司法机关，考察了边区的民主政治、学校教育等各个方面。除朱德、彭德怀等不在延安的军队领导人外，几乎与延安的中共领导人都见面了。②而在延安让他最为难忘，并且是收获最大的，则是与毛泽东的几次畅谈。梁漱溟在自述中用写实的笔法详细地介绍了当时的情况：

在延安谈话最多的是和毛泽东先生。前后共谈八次。有两次不重要，一是他设宴招待的一次，又一次是临走之前，他来送行。其余六次，每次时间多半很长，至少亦两个钟头。最长者，就是通宵达旦。——这样有两次。因为毛先生夜里不睡觉，而白天睡。谈话多从晚饭后开始，不知不觉到天明。他这种生活习惯，听说是在军中养成的。夜里他将作战计划作好，次日大家出去作战，他便睡觉。傍晚起来，听取报告，又作计划入夜。第二天大家作战，他又睡觉了。

毛先生民国七八年曾在北京大学图书馆做事，而那时我正在北大教书。……亦和他碰过面。——这是一点旧缘。此番会晤，我对他印象甚好。古时诸葛公称关美髯曰逸群绝伦，我今亦有此叹。他不落俗套，没有矫饰，从容、自然且亲切。彼此虽有争辩，而心里没有不舒服之感。大致每次都可以让你很舒服地回去。

他于听你谈话时，喜用笔随手记录。秃笔粗墨，在大纸上横行写来如飞。我一边谈，他一边写。我谈完，他便手指所记要点，一条一条答复。条理清楚，句句到题。我将我的一两种小册子和四十万言的一部《乡村建设理论》都赠他，请他指教。隔一天再见面时，他取出一沓纸来，纸上已将我书内要点，或他认为好的地方，皆摘录排列，井井有条。这都是可佩服之处。不过他太忙，虽喜欢看书，未能沉潜反复。况对我的书，似未能全部看完一遍。——这是我一点小不痛快。

---

① 梁漱溟：《我与中国民主同盟——为团结抗敌和平建国而奔走》，当代中国出版社，2011年2月版，第14—15页。

② 梁漱溟：《梁漱溟自述：我是怎样一个人》，当代中国出版社，2012年7月版，第74页。

从旁看他的生活起居,看他的身体,不免使人替他担心。夜间不睡是其一例。还有嗜烟嗜酒,亦太过。谈话时,他为你斟茶,而自斟酒。酒是白酒,亦用不着菜肴。烟亦恒不离手。我曾问他的健康如何。他答我说,人家传我有肺病,医生检查过没有的,但我患神经衰弱。在他们的社会中,似对他特别优待。饮食(夜间同饭所见)却看来亦简素。①

汪东林在与梁漱溟的访谈中,曾经让梁漱溟回忆当年赴延安与毛泽东彻夜长谈的情况,梁漱溟欣然作答,并详细地叙述了当时的情况:

(与毛泽东)第一次谈话自下午六点,至第二天凌晨。因为时令是冬天(1938年1月),六点钟天已擦黑,屋里掌了灯。谈话的地点不在窑洞,而在延安城里的一间瓦房里,屋内没有炉子,也闻不到煤味,但很暖和。毛泽东告诉我,这是在屋外地下烧火,地面和墙都发热的缘故。这一次谈话,主要是抗战前途问题。我先讲,坦率地谈到我的失望,我的悲观,到延安是讨教来的。中国前途如何?中华民族会亡吗?毛泽东十分耐心地听着,不打断我的话,抽烟,喝水。等我说完后,他露出了笑容,十分果断,斩钉截铁地说:"中国的前途大可不必悲观,应该非常乐观!最终中国必胜,日本必败,只能是这个结局,别的可能没有!"时隔近半个世纪,毛泽东在谈话的一开头语气这样肯定,神态这样坚决,我至今记忆犹新。接着他分析了国内、国外,敌、我、友三方力量的对比,强弱的转化,战争的性质,人民的力量,等等,最终又回到中国必胜、日本必败的光明结局上。他说得头头是道,入情入理,使我很是佩服。可以这样说,几年来对于抗战必胜,以至于如何抗日,怎样发展,还没有人对我有过这样使我信服的谈话,也没有看到过这样的文章。蒋介石的讲话、文告我听过、看过多次,个别交谈也有若干次了,都没有像这一次毛泽东那样有这么大的吸引力和说服力……

第二次谈话也是从下午六点开始,是紧接着的,不过这一次不是谈到

---

① 梁漱溟:《梁漱溟自述:我是怎样一个人》,当代中国出版社,2012年7月版,第77—79页。

凌晨，而是谈到天明，一个通宵，欲罢而不能。这次谈话的内容是中国问题，亦即是如何建设一个新的中国问题，我和毛泽东分歧较大。我头一天把自己新出版的几十万字的著作《乡村建设理论》送给他，……两人相持不下，谁也没有说服谁。

现在回想起这场争论，使我终生难忘的是毛泽东的政治家的风貌和气度。他穿着一件皮袍子，有时踱步，有时坐下，有时在床上一躺，十分轻松自如，从容不迫。他不动气，不强辩，说话幽默，常有出人意外的妙语。明明是各不相让的争论，却使你心情舒坦，如老友交谈。他送我出门时，天已大亮。我还记得他最后说：梁先生是有心之人，我们今天的争论不必先做结论，姑且存留听下回分解吧。①

有意思的是，毛泽东在几天后（1月12日）给艾思奇的信中专门提道：梁漱溟到此，他的《乡村运动理论》（笔者按：应该是《乡村建设理论》）有许多怪议论，可去找他谈谈。②

显然，毛泽东对梁漱溟的观点是很不以为然的，但丝毫不影响他们之间坦诚、深入、无拘无束甚至是畅快淋漓的讨论。从这里也可以看出，正是毛泽东的不凡魅力，令一代鸿儒梁漱溟为之深深折服！

---

① 汪东林：《梁漱溟问答录》，湖北人民出版社，2004年2月版，第84—87页。
② 中共中央文献研究室编：《毛泽东书信选集》，中央文献出版社，2003年11月版，第108页。

延安1938

> 你们在这里主要是学了方向、原则与作风。毕业出去以后,无论在前方后方,内线外线,都要努力去创造无数大大小小的抗日根据地,从建立山西的"五台山",到建立全中国的"五台山",争取最后的胜利。

建立全中国的"五台山"

1938年5月,在《抗日游击战争的战略问题》一文中,毛泽东总结了在敌后建立抗日根据地的几种情形,并提到了晋察冀边区的五台山根据地,讲述了中国共产党人如何依托原来的游击区,经过游击战争的必要过程,消灭或打败了许多敌人,摧毁了伪政权,发动民众,组织抗日民众团体,建立了人民政权,一步步从游击区转化成革命根据地的例子。而要组织和发动民众、不断巩固并开辟新的革命根据地,非要有大批的干部不可。关于这方面的精辟论断,是毛泽东早就在思考了的。

何以见得呢?这就得从毛泽东对陕北公学学员的一次毕业赠言说起了。

陕北公学是中共中央和陕甘宁边区政府1937年在延安创办的一所统一战线性质的学校,目的是招收全国各地的爱国青年,并把他们培养成抗日的先锋队。[①]

[①] 鲁迅逝世一周年(1937年10月19日)纪念日陕公隆重举行了纪念大会。毛泽东亲临大会做《论鲁迅》的演讲。他开头第一句话,就是讲陕公的任务,他说:"陕北公学的重要任务是培养抗日先锋队。"李维汉:《回忆与研究》上,中共党史出版社,2013年3月版,第306页。

陕公刚开始的学习期限只有3个月。严格的军事化、战斗化生活，使学员们的思想、作风都很快发生深刻变化。初到陕公时，有的西装革履，有的长袍短褂，"少爷""小姐"的气息还不能一下子去掉。但到毕业时，学员们都具有严格的组织纪律性，能够吃苦耐劳，养成了集体生活习惯以及说干就干的工作作风。

毛泽东对陕北公学的办学高度重视，多次为学校和学员题词并出席学校的开学典礼、毕业典礼。1938年2月20日，中共中央召开政治局常委会议，专门讨论陕公工作。会议还决定毛泽东、张闻天、凯丰等中央负责同志每月要到陕公做一次报告。①

1938年初，随着全民族抗战的不断深入，抗日战争能否胜利以及如何取得胜利，也就成为每个人必须思考的问题。毛泽东针对大家普遍关心的问题，结合自己的思考，经常在延安

陕北公学举行开学典礼

的机关、学校等场所与大家交流。1938年3月3日，毛泽东再次亲临陕公驻地，对即将毕业的同学们发表了精彩的演讲，作为欢送同学们走上工作岗位的临别赠言。

毛泽东在讲话中说：

同学们：

陕公是全中国的一个缩影。同学们来自不同的地方、不同的职业和不同的阶层，但有着同一个倾向，即建立新中国的倾向。你们是进步分子，

---

① 张培森编：《张闻天年谱·修订本》上卷，中共党史出版社，2000年8月版，第544页。

是创造新中国的分子。因此，陕公代表着全中国的统一战线，是中国进步的一幅缩图。

……

今天，敌人要进攻武汉、西安、长沙、南昌等地，中国将会受到免不了的困难，在这个困难面前，会有若干人动摇，这是很有可能的。同学们毕业出去，好像撒入河水里去一样，可能有若干人会被潮水卷去，不过大多数人能够战胜潮水，朝着总的方向，达到预定的目的。走这个方向便须有坚定的意志和在艰难困苦的奋斗中不怕牺牲一切的精神。

现在的情况与过去不同，世界上有三个统一战线——国际的、中国的以及日本国内的——可以打倒日本帝国主义，这三个统一战线互相配合起来，共同对着一个目标，我们相信一定会把情况变换，中国一定会往新的方向走。

毛泽东结合半年来抗战形势的发展，以他一贯乐观、从容不迫的神态，阐述了"先败后胜，转弱为强"的可能性。他说：

根据半年来的经验，可以讲下面两句话："先败后胜，转弱为强。"这是我们长期抗战的前途。半年来我们中国有着许多进步，抗日、国共合作、联合苏联，开始有言论自由，军队里也开始有政治工作，这是过去所没有的，是敌人侵略我们所决定的要走的路程。这个路程是在什么轨道上走呢？我们回答说："是在艰难困苦的轨道上。"武汉、西安这些地方如果失守了，则大块地方在日本手里，小块地方在我们手里，那么这样就完结了吗？不，决不会完结的。

毛泽东把中国与西班牙相比，提出要发挥中国国土面积大、有战略纵深的优势，要敢于克服各种艰难困苦，善于采取内外线结合、以内外夹攻的方法赶走日本鬼子。他讲道：

中国的地理条件与西班牙不同，西班牙国土太小，没有多少地方可走，三十五计用完，三十六计就无可用，所以他们采用坚守马德里的战略；中国则不同，我们可以走，地方很多，日本帝国主义要占领全中国是非常困难的。中国的国土有十七八个法国那样大，人口也有几个法国那样多，如果大部分中国土地被日本占领了（可能有此情况），我们还是有办法，因为我们有两个置敌人于死命的区域——内线与外线，这是两个作战的区域。内线便是云、贵、川、湘，大体上就是中央政府管辖的地方，外线便是日本所占领的大块土地的前方。我们一定要努力争取以国共两党合作为基础的抗日民族统一战线的前途，改良政治军事条件，创造新中国的军队，配合着飞机大炮，内外夹攻，这样才能把鬼子赶出全中国。

毛泽东的演讲，永远给人以信心和力量。他在批驳"中国必亡"的谬论时指出：

现在我们总的方针是保卫武汉，保卫西安，方法是准备撤退，但必须消耗敌人，争取时间。为保卫武汉、保卫西安而战，即使失败，也不要紧。我们已经指明，从内线往外打，得到胜利也是可能的。这是一方面。另一方面，敌人占领的地方是大块的，我们就可以在附近的小块地方做起"文章"来，这就是要做出最后胜利结论前的中间一段文章，像华北全部，江浙皖一部，若武汉不守，有许多地方是可以做"文章"的。

有个青年从长沙写信来说："中国必亡。设若武汉失掉，则大块地方都完了，还有什么办法？"我说，我们陕北公学同学出去一定有办法，办

1938年秋季，活动于五台山崇山峻岭中的八路军将士

法就是画"豆腐块"，在大路附近画"豆腐块"。在"豆腐块"边上我们暂时没有办法，因为那是大路、大城市，被日本据有优势武器的兵种占领着，这就是说，"中国不是亡国，而是亡路"。日本得到了城市、大路的速决战，也就得到了乡村、小路的持久战。比方，陕北延安被占领了，我们就会在其他小块，无数乡村，无数小路打持久战。城市速决战日本可以取得胜利，乡村持久战是我们取得胜利。

毛泽东强调，一旦敌人占领了我们的大片国土，我们除了正面消耗敌人、顽强抵抗，还要在被占领区域及其附近做文章，也就是要去画"豆腐块"——事实上，就是创建并巩固一个个抗日民主根据地。他说：

这次你们毕业后要分两部分去工作，一部分在后方发展民运工作，另一部分要到"豆腐块"里去。也许有人怕去画"豆腐块"，我们举出聂荣臻的例子，就不会怕了。聂荣臻在五台山创造了一支二万五千人的大队伍（不脱离生产的还不算）。我们要把这个例子告诉全国被占领或将被占领的区域的人民，使他们看到抗日的办法与出路。我们坚决反对被占领区域没有办法的说法，在这方面我们还可以讲讲十年内战时期许许多多的经验。

接着，毛泽东联系陕北公学的办学特点，要求同学们不管是在工作中，还是在学习中，都要学习到"一种作风""一种方向"：

陕公是有许多不能使人满意的地方，我们不在乎像其他学校那样照着书本一章一章地来上课，而在乎学习一种作风，一种方向。陕公的校长和教职员，他们都是从艰难困苦的斗争中出来的，所以你们在陕公里可以学习到一个方向——政治方向，同时又可以学习到一种作风——工作作风。

那么，如何去开辟一个个的"五台山"，在敌占区建立起一个个的"豆腐块"呢？毛泽东接着阐发了大家都关心的下一步工作：

你们要到敌人占领的一切地方去工作。山西的"田"字形态势，从几条大路来讲，敌人包围了我们；反过来，我们占据了大路附近的许多"豆腐块"，我们就包围了敌人。从国际范围看，日本虽然包围了中国，但世

界反法西斯国家又包围了日本。中日战争不会几天就完结的,国共两党现在力量还不大,日本力量比我们大,假使十年前统一

陕北公学学员

战线不破裂,则今天的情况定不会如此的,这点也规定了中日战争的长期性与持久性。国际条件也是如此,世界人民反侵略求解放运动的时间已经接近了。中国不是孤立的,是与世界人民求解放的斗争相联结的。世界不可分割,革命不可分割,胜利也是不可分割的,这样发展下去,中国的胜利是毫无疑义的。斯大林同志说:社会主义建设在一国内可以完成,但世界资本主义存在着,包围着苏联,因此必须要有世界无产阶级与殖民地人民斗争的成功,才能获得社会主义的最后胜利。

毛泽东继续叮嘱同学们:

同学们毕业后,要更努力地工作。一方面不要偷懒,这个机会主义的倾向是要不得的,我们应该积极工作,艰苦奋斗。另一方面,我们也要反对急性病,那种一天就要胜利的心理也要铲除。……总之,我们的原则是革命的,但它是具体的,不是抽象的,必须结合着实际情况来解决问题。

演讲的最后,毛泽东再次点题:

今天的临别赠言,就是这些。你们在这里主要是学了方向、原则与作风。毕业出去以后,无论在前方后方,内线外线,都要努力去创造无数大大小

小的抗日根据地，从建立山西的"五台山"，到建立全中国的"五台山"，争取最后的胜利。①

1938年夏，根据形势的需要，陕公转移大部分师生至关中旬邑看花宫办学作为陕公分校，很快建立起了4个区队，每个区队下设四五个学员队，学员总数达到3000多人。总校在延安则以办高级研究班为主。1941年8月，中共中央决定精简机关，集中人力、物力、财力办学，将陕公、女大和青干校三校合并成立延安大学。至此，陕公完成了其历史使命。

陕公创办4年，先后培养了1.1万名干部，②其中80%以上奔赴敌人后方从事抗日工作，10%在边区各个部门工作，10%到大后方工作。③他们作为延安时期中国共产党培养的栋梁之才，为中国人民的革命和解放事业做出了重要贡献。

---

① 中共中央文献研究室编：《毛泽东文集》第2卷，人民出版社，1993年12月版，第104—109页。
② 李维汉：《回忆与研究》上，中共党史出版社，2013年3月版，第325页。
③《解放日报》1941年8月5日，第2版。

> 给我一支枪,
> 我要上战场。
> 国仇家恨千万桩,
> 哪个能够再忍让!

街头上的诗歌

哨 岗

贺 嘉

星月照在哨岗,
刀枪插在肩膀。
装进子弹,瞄准敌方,
耳听八方,眼看四方。
守住我们的家乡,
守住我们的边疆。

这是发表在1938年延安《新中华报》上的一首街头诗。短小精悍,文字朴实,却有着强烈的宣传鼓动力量。这也是从1938年开始风靡延安的街头诗歌运动中的典型代表。

中共中央刚到延安的时候,由于当地经济和文化长期落后,这里的文盲率高达90%以上,即使那些参加了革命的八路军战士,许多也都是文盲。

1938年8月10日，延安《新中华报》第4版刊登《街头诗歌运动宣言》

如何向包括普通工农分子、八路军战士在内的广大群众用容易理解、看得懂的语言和形式宣传抗战，动员大家积极投入根据地建设，是当时面临的普遍问题。而1937年就组建的西北战地服务团自成立伊始，就深入到广大的农村、部队和基层一线，宣传抗战，教育引导广大的民众，并用广大群众喜爱的戏剧、街头诗等方式，进行广泛宣传，深受群众欢迎。

利用城市和乡村的街道、墙壁，以诗歌的形式开展宣传活动，也就在工作实践中应运而生了。1938年8月7日，边区文协战歌社的柯仲平、林山等人和西北战地服务团战地社的田间、邵子南等人公开倡导街头诗歌运动。他们打着"街头诗歌运动日"的红幅，发布《街头诗歌运动宣言》。

《宣言》倡议：在今天开展大众街头诗歌（包括墙头诗）运动，不但要利用诗歌作为战斗的武器，同时也能使诗歌走到真正大众化的道路上去。有名氏、无名氏的诗人们，不要让乡村的一堵墙，路旁的一片岩石，白白地空着，也不要让群众会上的空气呆板沉寂。写吧——抗战的，民族的，大众的！唱吧——抗战的，民族的，大众的！我们要在争取抗战胜利的这一伟大时代中，从全国各地展开伟大的抗战诗歌运动——而街头诗歌运动，我们认为就是使诗歌服务抗战，创造新大众诗歌的一条大道！

曾在抗大第四期二大队第四队学习的丹辉回忆：

一九三八年八月，有一天早晨，延安城里满街都是街头诗，有用红布、

街头上的诗歌

田间、邵子南等编写的街头诗

白布写的,一幅幅挂在街当中,也有用红绿纸写的,一张张贴在大街两边的墙上。这是边区文化界抗敌协会和西北战地服务团等联合举办的"街头诗歌运动日"。①

作为延安街头诗运动最早也是最有力的发起者,号称"呐喊诗人"的柯仲平②,是典型的具有浪漫气质的文化人,尤其喜好吟诵。1938年,他创作的两首长篇叙事诗《边区自卫军》和《平汉路工人破坏大队》是陕甘宁边区最早歌颂工农兵的长诗佳作,毛泽东曾给予高度评价。延安的街头诗歌运动和诗歌朗诵运动,也就在柯仲平等人的积极倡导和开展下蔚成风气,一时间成为延安乃至陕甘宁边区一道亮丽的风景线。

为宣传街头诗歌运动,1938年8月10日延安《新中华报》第4版除刊发《街头诗歌运动宣言》外,还刊发了一组街头诗歌:

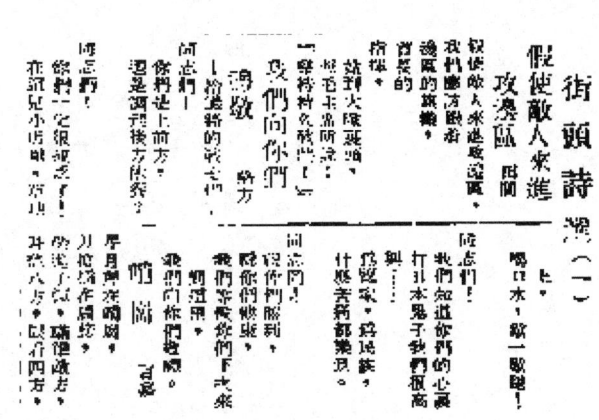

1938年8月10日,延安《新中华报》第4版刊发的一组街头诗

---

① 丹辉:《晋察冀诗歌战线的一支轻骑兵——记抗日战争时期的铁流社》,《新文学史料》1981年,第4期。

② 柯仲平(1902—1964),云南宝宁(今广南)人。1937年到延安,参与倡导街头诗歌运动。曾任陕甘宁边区民众剧团团长,陕甘宁边区文化协会副主任、主任。

假使敌人来进攻边区

田　间

假使敌人来进攻边区，
我们应该跟着——
边区的旗帜，
首长的指挥，
站到大队里头，
照毛主席所说：
"坚持持久战斗！"

我们向你们敬礼
　　——给过路的战士们

骆　方

同志们！
你们是上前方，
还是调到后方休养？
同志们！
你们一定很疲乏了！
在这儿小店里，草地上，
喝口水，歇一歇腿！
同志们！
我们知道你们的心理，
打日本鬼子我们很高兴……
为国家，为民族，
什么苦痛都乐意。
同志们！
祝你们胜利，

祝你们健康，
我们等候你们下次来到这里，
我们向你们敬礼。

开 大 会
余 修

今天是什么日子？
你看游行的队伍，
成千成万，
男的女的，一眼望不到边。
为了打鬼子，
老的少的都参加到队伍里来干，
连七八岁的小娃，
也举起拳头喊：
"打倒日本帝国主义。"

儿 歌
史 轮

我拿不动大哥的枪，
妈妈叫我快成长。
妈妈说：
等你大了给你买杆枪，
那红缨子，
比大哥的还要长。
我不会耍二哥的刀，
爸爸叫我快长高。
爸爸说：

等你高了给你打把刀,

那红绸子,

比二哥的还要好。

1938年8月15日,延安《新中华报》第4版刊发的一组街头诗,也很有代表性:

给我一支枪
季 纯

给我一支枪,

我要上战场。

我的兄弟,

我的爹娘,

都惨死成一摊泥浆。

我的田舍,

我的家乡,

也轰炸得一片精光!

日本人要叫中国国破家亡,

中国人怎还能痴心妄想!

给我一支枪,

我要上战场。

国仇家恨千万桩,

哪个能够再忍让!

小脚婆姨
刘 御

宝塔山,

高又高。

张三娶个女姣姣,

黑眼睛,

身段巧,

可惜一双小脚像辣椒。

地不会种,

水不会挑,

走路风摇腰,

怕过独木桥,

鬼子打来更是逃不了!

关于街头诗歌运动的缘由,陕甘宁边区文协秘书长林山在《为什么提倡街头诗》一文中做了说明。他说:

诗歌大众化,这是没有什么人反对的了,现在问题是怎样才能大众化。

首先,我以为使诗歌和群众接近,或者说使诗歌深入到群众中去,是解决问题的唯一的办法。不接近大众,不深入大众,而来谈大众化,这都是空话,不能解决问题的。

我们提倡街头诗(墙头诗),就是要把诗歌贴到街头上,写到街头上,给大众看,给大众读,引起大众对诗歌的爱好,使大众也来写诗,这样,由不断的实践中就可以使诗歌大众化——成为大众的诗歌。

这是从诗歌创作本身来说的。

另一方面(更重要的一方面),是我们认为目前一切应该服务于抗战,诗歌当然也是一样。而要达到这目的,就得利用一切可以利用的形式。街头诗就是诗歌的新形式之一种,这形式在目前因印刷困难,纸张缺乏,出诗集的不容易,已成为客观环境的迫切的要求。

上面两点,就是我们提倡街头诗的理由。[1]

---

[1] 林山:《为什么提倡街头诗》,《新中华报》1938年8月15日,第4版。

关于"街头诗在战地"的作用，林山也做了阐述：

上面已经说了，因为印刷困难，纸张缺乏等原因，街头诗这新的形式已成为环境的迫切的要求。

在战地，这要求就更加迫切了。

陕北、晋西北一带（我最近曾到那一带走过），街头或路边石崖上，已有许多街头诗出现，虽然很幼稚，不完整，但终应该说它是诗，因为它和标语不同——比标语丰富、具体、复杂，有大体可念的音韵，有情感。

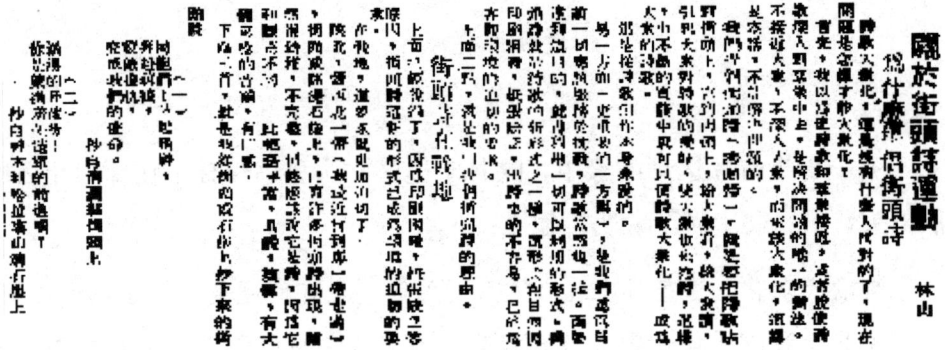

1938年8月15日，延安《新中华报》第4版刊登《关于街头诗运动》一文

下面三首，就是我从街头或石崖上抄下来的街头诗：

（一）

同胞们！鼓起精神，

奔赴前线，

杀敌复仇，

完成我们的使命。

——抄自清涧县街头上

（二）

汹涌的奔流呀！

你是象征着先遣军的前进吗？

——抄自神木到哈拉寨山沟石崖上

(三)

八路军真正好,

既会打仗又耐劳,

不打百姓不扰民,

大家快快来仿效。

——抄自山西桥头镇墙壁上

上面抄的几首是比较完整的,像这类的东西,在晋西北,特别是晋西北的中心——岢岚,可以看到许许多多的。从这一点,就可以看出街头诗的发展的可能与需要了。

写这些诗的,一定不是"为写诗而写诗"的"诗人",甚至不知道自己是在写诗。不过为了鼓励战士,教育群众,或表现不能抑制的情绪,标语太简单,不够用,所以把语言组织起来,写成一首诗。

街头诗已经出现了,我们——诗歌工作者,为什么不赶快地,有计划地来提倡、来利用、来创造这种诗歌的新形式呢?

假使有人去提倡,去创造,街头诗的发展是很有前途的,我敢这样说。[1]

林山还总结了街头诗运动的意义及成绩:

我们不只是谈理论,而且最重要的是根据理论来实践。延安又是我们提倡街头诗最理想的地方,所以战歌社、战地社的同志,于八月七日发动了一次规模相当大的街头诗运动,大胆地把诗歌贴到街上去,挂到街上去。

这一次运动的意义在哪里呢?

最主要的一点是,争取得到人们对街头诗的承认(就那一天的情形看来,这一点完全可以做到)。正如我们过去提倡诗歌朗诵一样,这运动不久一定会在全国各地引起反响的。这,对中国的诗歌运动(同时也就是对抗战)是可以起相当大的作用的。

至于这次的成绩究竟怎样,现在当然还不能有正确的评价(我们要等

---

[1] 林山:《街头诗在战地》,《新中华报》1938年8月15日,第4版。

群众来评价），但就作品的数量和质量来看，都是相当满意的。几天之内能动员三十几位同志来写诗，用一种新的创造的形式来写，几天之内能收集百把首诗（大半可以用），其中如柯仲平同志的《保护我们的利益》，田间同志的《毛泽东同志》，骆方同志的《我们向你们敬礼》，高敏夫同志的《边区自卫军》，史轮同志的《儿歌》，刘御同志的《小脚婆姨》等，都是很好的作品。

这些，就是我们这一次街头诗运动的成绩。

……我们希望同志们，特别是做文化、文艺工作的同志，都来赞助和参加我们的工作，给我们以意见和批评，使这运动可以更顺利更广泛地发展下去。①

作为街头诗运动主要发起人、参与人的诗人田间，这样描述了当时街头诗在延安受欢迎的情况：这些诗，写在墙头或贴在城门楼旁以后，马上便围上一群人，有手执红缨枪的，有手持纪念册的，有牵着山羊的，有嘴含大烟锅的，都在看、都在念。还有的急匆匆地抄在他的本本上。②延安的街头诗运动也辐射到各抗日根据地。1938年10月，陕甘宁边区文协主办的《文艺突击》刊发了一篇消息，介绍晋西北的街头诗运动：

自抗战文艺工作团第二组把街头诗这种新的运动带到晋西北后，街头诗的热潮就在那里高涨起来了。这一运动，以岢岚为中心，渐渐发展到各地去。现在，岢岚、兴县、临县、五寨、宁武、神池……每一个城市街头上，都有许多无名诗人的作品出现。九月十九日，在岢岚战地总动员委员会的朝会上，举行了一次诗歌朗诵，得到不少群众的鼓掌。九月廿九日战总会周年纪念会上，岢岚青年俱乐部周围挂满了纪念战总会周年的街头诗，尤以战委会史诗，洋洋数万言记述战总一年来的历史，更为精彩。最近，晋西北文化工作协会，除在各县普遍地开展街头诗运动外，更拟出刊街头诗

---

① 林山：《街头诗运动的意义及成绩》，《新中华报》1938年8月15日，第4版。
② 田间：《延安——诗歌的摇篮》，汤洛等编：《延安诗人》，陕西人民教育出版社，1992年8月版，第138页。

集。街头诗在晋西北已逐渐受人们所爱好、所欢迎了,而且在部队中也开始发展起来。街头诗已成为宣传的利器,文艺的游击队,在战地文艺活动开辟了一条新的路。①

1938年冬,田间、邵子南、史轮等组成西北战地服务团,把延安的街头诗带到晋察冀抗日根据地。曾与他们一起活动的诗人曼晴回忆道:

1938年田间在西北战地服务团

我们在延安的时候,即见到延安街头、墙壁上,有不少用艺术字书写的街头诗,还有一些诗人集会朗诵诗。我们从延安出发,在赴晋察冀边区的路上,与搞美术的同志合作,沿途在村头、路旁岩石上,书写一些街头诗、岩头诗。当时最积极的是田间同志,常见他提着粉桶,拿着毛刷,书写他的短诗。已经牺牲了的诗人史轮,当时也曾提着粉桶,在街头墙壁上、岩山上,书写过自己的诗。②

---

① 晋西北的街头诗运动,《文艺突击》1938年10月16日,第24—25页。
② 曼晴:《春风杨柳万千条——回忆晋察冀边区的诗歌运动》,《新文学史料》1979年,第5期。

延安1938

> 1938年3月8日下午，备受瞩目的陕甘宁边区第一届妇女大会正式开幕。到会的有18个单位，包括各界的妇女代表130余人，中共中央以及边区政府都派代表到会，河南、西安妇女团体（如慰劳会）也派有代表出席。

妇女节大会

"三八"国际劳动妇女节最早源于1910年世界劳动妇女领袖克拉拉·蔡特金在国际社会主义妇女代表大会上的提议："以每年3月8日为世界劳动妇女争取自由解放的节日"。在1919年3月共产国际成立大会上，正式决定3月8日为"国际劳动妇女节"。

中共中央进驻延安之后，妇女工作也纳入了边区的重要工作领域。1937年7月，陕甘宁边区党委即发布《关于妇女组织的决定》，提出要有妇女抗日救国联合会的组织，并通过了《边区党委关于边区妇女群众组织的新决定》，决定正式成立边区

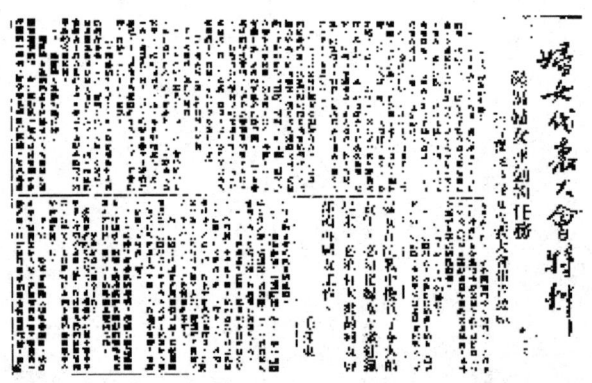

1938年3月15日，延安《新中华报》第3版为妇女代表大会出特刊。毛泽东为陕甘宁边区妇女联合会第一次代表大会题词：妇女在抗战中担负了重大责任，必须把妇女群众组织起来，必须有大批的妇女干部领导妇女工作。

妇女联合会。①

为了做好边区妇女代表大会的筹备工作，1938年2月17日，陕甘宁边区妇联颁布了纪念"三八节"的宣传大纲，详细介绍了国际妇女节的起源、在今天民族抗战中的意义。并指出：

"三八节"既是妇女争取自由解放的纪念日，在边区也是妇女联合会代表大会的开幕日。全边区妇女应加强各项抗战功员工作，巩固妇女组织——妇女联合会各级的组织。同时也愿与全国的姊妹们取得密切的联系，相互帮助与督促，共同担负起妇女在抗战中间艰巨的任务。并从宣传教育、提高妇女政治文化水准、动员广大妇女加紧春耕以保障粮食供给，以及健全各级代表会、妇女会等方面进行了具体布置。②

1938年3月8日下午，备受瞩目的陕甘宁边区第一届妇女大会正式开幕。到会的有18个单位，包括各界的妇女代表130余人，中共中央以及边区政府都派代表到会，河南、西安妇女团体(如慰劳会)也派有代表出席。当时出版的延安《新中华报》详细介绍了边区妇联代表大会的开幕情况：

1938年3月10日，延安《新中华报》第3版报道《边区妇联代表大会开幕》

边区妇联代表大会开幕

筹备甚久之边区妇女联合会第一次代表会，于"三八节"下午二时假座延安师范学校举行开幕式。到边区各分区各县各团体学校妇女代表及各界来宾共二三百人。会场布置，堪称堂皇异常，除四周满布各级妇女团体等之颂词外，正中并悬有蒋委员长与毛泽东氏之握手图，该图明显地指示

---

① 《党的工作》1937年9月13日，第44期。
② 《纪念"三八节"宣传大纲》，《新中华报》1938年3月1日，第3版。

当前中国妇女运动的主要内容系"巩固统一战线,争取抗战胜利"。

大会宣布开幕后,当即推定史秀英、郝明珠等十七人为主席团,并推定蒋中正、林森、毛泽东、周恩来、宋庆龄、何香凝、林伯渠、朱德、邓颖超、宋美龄、郭洪涛、李建珍、张国焘等二十余人为大会名誉主席团。继由史秀云同志报告召集本次大会的意义说:"日寇正在向我们边区进攻,边区妇女联合会第一次代表大会在此紧张的局面下举行,就是为了要讨论如何动员全边区的妇女们起来执行保卫边区的伟大任务"!次请中共边区党委郭涛同志讲演……

郭氏演说毕,后请华侨记者团报告马来亚妇女解放运动的现状,以及英国女科学家某报告英国妇女援助中国抗战之热情。最后通过大会之宣言通电数件(因篇幅关系于下期发表)并选举史秀云、张芝芳等七位同志为大会提案审查委员会委员,张英同志为大会秘书长。①

史秀云(2排右1)与西北革命根据地部分领导人合影

---

① 《边区妇联代表大会开幕》,《新中华报》1938年3月10日,第3版。

陕甘宁边区党委妇女部部长史秀云在大会报告中，提出边区妇女的任务是：

一方面使妇女运动和整个的民众救亡运动统一起来成为整个民众运动的一部分，配合着各种救亡团体，坚决为保卫边区、西北、全中国而斗争。同时另一方面要发动边区妇女群众积极参加紧急的抗战动员工作，使边区的妇女运动成为全国的先进地区，成为全国妇女运动的推动机。①

大会开幕当天还发表了《大会宣言》：

全国的姊妹们：

神圣的民族自卫战争已经坚持到第七个月了，在这七个月中一方面日本帝国主义用了最野蛮最凶暴、最惨无人道的侵略战争来强占我们的土地，屠杀掳掠成千百万的中华儿女；另一方面不愿做亡国奴的中国同胞，在日本帝国主义的炸弹和大炮下用血肉守住我们的每一寸土地，给了敌人以不小的打击，同时，整个中国造成空前的团结和从来未有的统一。这些事实告诉我们：随着持久战的开展，我们内部的团结日加巩固，国际的同情和援助每天在增长，而日本帝国主义的困难却在不断地加大。我们坚信：最后的胜利一定是我们的。

"三八节"是世界妇女争取自由解放的纪念日，在今天，有着她的特殊的意义。……因此，我们纪念目前的"三八节"，要加紧把全国妇女组织起来，要扩大和巩固已有的组织来担负起现阶段的艰苦的工作，配合起全国的抗战力量为着未来的新中国而奋斗！

在这"三八节"，边区妇女联合会举行第一次代表大会。陕甘宁边区妇女联合会的任务是动员妇女参加一切政治的、经济的、军事的、文化的工作，并领导妇女群众从封建束缚的锁链下解放出来。为了巩固抗战，我们要加强一切关于抗战的工作，要提高妇女的政治文化水准，加紧自卫军的教育和训练，使得妇女成为后方的警戒力量；我们要动员妇女加紧春耕

---

① 《史秀云：边区妇女运动的任务》，《新中华报》1938年3月15日，第3版。

运动,保障后方粮食的供给。

全国的姊妹们,我们愿意而且希望能和你们有密切的联系,使我们全国的姊妹能够互相帮助,互相督促地共同负担起妇女在抗战期中艰巨的伟大的任务。为着负担这任务,为着增加全国的抗战力量,姊妹们,我们要迅速地组织起来,动员起来。支持和拥护我们的政府和军队作持久的抗战,把日本帝国主义赶出中国去!①

与会代表经过认真的讨论,对下一步的工作达成了共识:一是抗战动员;二是提高妇女的政治文化水平,鼓励妇女到学校里学习,通过参加妇联会、农会、工会等提高水平,积极参加选举;三是改善妇女生活,动员妇女参加合作社、参加生产劳动、讲究卫生、反对打骂妇女。关于领导问题,提出以后区级领导尽量少用文字来传达,因为区级干部多半是不识字的,应该到群众中去组织他们、领导他们,同时注意培养和选拔妇女干部。②

中共中央妇委书记蔡畅(左2)与陈琮英、夏明、刘英在陕北

为了庆祝大会的召开,还举办了边区妇女运动会,开展的项目有:五十米赛跑、自行车、爬山以及篮球、排球的比赛。边区妇联代表大会开幕当晚,还举行了"三八节"晚会,毛泽东出席并讲话。③

以边区妇女代表大会的召开为标志,延安各机关、学校、团体更加注重发挥妇女的作用。抗大也专门成立了女生大队(第八大队)。1938年11

---

① 《边区妇联代表大会开幕》,《新中华报》1938年3月10日,第3版。
② 《史秀云:边区妇女第一次代表大会讨论总结》,《新中华报》1938年3月25日,第3版。
③ 《边区妇联代表大会开幕》,《新中华报》1938年3月10日,第3版。

月13日，毛泽东出席了女生大队的成立典礼并发表演讲指出：妇女同胞所受帝国主义和封建势力压迫尤甚，我们反对一切对于妇女的压迫，尤其是仇恨日本帝国主义对于妇女的侮辱。我们抗日，不仅为求得民族平等，而且要求得妇女的地位平等。只有中华民族解放，才能有妇女的解放。①

边区妇女代表大会召开之后，在成立的边区各界妇女联合会领导下，县区各级妇联组织也纷纷成立。截至1938年末，已建立县妇联20个、区妇联124个、乡代表会619个，每个村也设立了村小组。通过组织女自卫军、春耕委员会、秋收委员会、识字小组、妇女放足委员会等各种专门活动，在边区的抗战动员、生产建设、文化教育等方面发挥了重要的作用。②

---

① 中共中央文献研究室编：《毛泽东年谱》中卷，中央文献出版社，2002年8月版，第95页。

② 齐礼编：《陕甘宁边区实录》，解放社，1939年12月版，第107—108页。

> 筹备了很久的边区青年第一次代表大会，于十月二日开幕了，前一天延安的街头就开始飘扬起庆祝大会开幕的旗帜、标语和动员青年参加战争的各种漫画，这些颇为引人注目的宣传品有力地吸引了延安近万的热血青年，来深切地注视这个负有推进全国青年统一运动的"边青大会"。

边区青年代表大会

1938年10月2日在延安召开的边区青年代表大会，如同参会的年轻人所洋溢出来的青春活力一样，同样体现出热烈欢快以及青春的气息。

当时发表在延安《新中华报》的报道，从一开始就充满着喜庆的气氛：

筹备了很久的边区青年第一次代表大会，于十月二日开幕了，前一天延安的街头就开始飘扬起庆祝大会开幕的旗帜、标语和动员青年参加战争的各种漫画，这些颇为引人注目的宣传品有力地吸引了

1938年10月5日，延安《新中华报》第2版报道《边区青年代表大会开幕》

延安近万的热血青年,来深切地注视这个负有推进全国青年统一运动的"边青大会"。①

而关于这次会议的宣传,早就在进行了。

1938年9月10日,边区临时青年抗日救国会(简称"青救会")、边区青年代表大会筹备会联合发布《致全国青年团体与青年的公开信》,通报拟于10月2日在延安召开边区青年代表大会,希望全国每一个青年战友,都积极地给我们以热烈的援助!每一个先进的青年团体,都能选派代表出席大会。②

在大会召开之前几天,延安《新中华报》发表题为《边区青年代表大会的召开》的文章,阐述了大会的意义,不仅要选举产生全边区的青年领导机关——边区青年救国联合会,而且要在总结一年来青年工作经验的基础上,决定今后的工作方向和具体任务,促进全国青年运动的统一。希望青年朋友们多多地提出意见和建议,最后还充满激情地写道:让我们一起鼓掌欢迎大会的开幕吧!③

10月2日,大会在代表们热烈的掌声中开幕了。

后来刊发的通讯报道描述了边区青年代表大会开幕时的场景:

开幕的早晨,记者向大会预定的会场——中央大礼堂走去,在会场门口的一切壮丽布置,要算正中所高悬着的一幅漫画最有意义,它所表现的是成千上万的青年,拥进"青年救国联合会"的门里去,那是预祝着全国青年统一战线的最后成功。走进会场,首先映入眼帘的是几张说明边区青年救亡高度发展的图表,从这些表上,我们一看就可以了解边区青年已大都组织起来、武装起来了。会场四周满布着边区各机关、学校、团体以及中华民族解放先锋队、西北青年救国会、第八路军政治部、陕西各县民众团体等所赠之贺词约一百余幅,真是琳琅满目,美不胜收。至于主席台的

---

① 《边区青年代表大会开幕》,《新中华报》1938年10月5日,第2版。
② 《为召开边青大会:全国各青年团体转全国青年》,《新中华报》1938年9月15日,第3版。
③ 《边区青年代表大会的召开》,《新中华报》1938年9月30日,第4版。

布置也很庄严，两旁设有蒋委员长及毛泽东同志的巨像。并摘录蒋委员长对塔斯社记者的谈话及毛泽东同志对世界学联代表团的谈话各一小节，以资作为青年参加抗战工作的准绳。

九点以后，代表们和旁听的来宾都拥挤不断地步入会场，一个挨着一个，会场上渐渐地挤满了活泼的人群，据大会秘书处统计，出席大会的代表共有二百零四人，大都来自农村。这时，首长们也陆续地来了，有从前方回来的贺龙师长，还有高岗同志、王观澜同志、齐华同志、冯文彬同志等。不久我们不断前进的革命老人林伯渠主席也在主席台上和数百个青年代表相见了。

"欢迎代表唱歌！"首先由旁听席上一位同志领导着喊了起来，接着是"欢迎旁听同志唱歌！""欢迎抗大代表唱歌！""欢迎新闻记者唱歌！"……歌声一抑一扬地在空际动荡着，揭开了大会的序幕。①

与延安几乎所有的集体活动一样，边区青年代表大会首先是在歌声中酝酿的。而当大会主持人张唯明跳上主席台正式宣布开会时，同样也是在歌声中进行的。全体代表在统一指挥下，齐唱《青年进行曲》。于是，"前进！中国的青年。挺战！中国的青年。……"雄壮的歌声便充盈了整个会场。

大会推选毛泽东等7人组成名誉主席团，并推举高朗山等15人为大会正式主席团。随后，由大会主席高朗山致开会辞。贺龙、林伯渠、边区党委代表王观澜、边区抗敌后援会主任齐华、中华民族解放先锋队总队长李昌、西北青年救国联合会（简称"西青救"）代表胡乔木也在大会上做了讲话或发言。

大会还宣读了西青救、抗大同学会、抗大民先队部、民先总队部、边区党委、第八路军政治部、边区妇联等团体致大会的贺电，通过了大会起草委员会、审查委员会及大会秘书长名单。并在通过大会的议事日程后，结束了第一天的任务。

大会第二天（3日）上午，由中共青年工作委员会负责人冯文彬做关

---

①《边区青年代表大会开幕》，《新中华报》1938年10月5日，第2版。

冯文彬（2排右1）与青训班毕业学员组成的即将
开赴抗日前线的战地工作团各分团负责人合影

于目前抗战形势与青年运动任务的报告。他那活泼的态度、常常带些滑稽的词调，使在场代表们丝毫没有一点倦容，会场上，不断地发出哄堂的笑声。①大会第三天（4日），由高朗山报告边区青年救国联合会一年来的工作。大会第四天（5日），分别围绕文化教育工作和青年参战问题进行大会讨论，经过热烈发言后，高朗山就两天来的讨论，包括组织问题、青救与学校问题、参战问题、青年统一战线问题、青救与外地各青年团体的关系等问题做总结。大会第五天（6日），首先通过青救会执行委员会名单，并选举出席西北青年救国代表大会的代表，最后通过了大会决议案和致全国青年电。②

边区青年代表大会圆满完成了各项任务，并代表边区16万青年发表《宣言》：号召全边区以及全国的青年立刻动员起来，加入抗战斗争中去，建立全国范围的抗日青年统一战线。③

---

①② 《边青大会五天来工作概况》，《新中华报》1938年10月10日，第2版。
③ 《边青代表大会宣言》，《新中华报》1938年10月10日，第4版。

按照会前"群众头子"齐华的说法:青年代表大会的开幕,"是要把一个模范的青年延安拿给全中国去看的"。①

后来以延安为中心的中国共产党所倡导并推行的伟大革命实践也充分证明,延安的青年们是模范,从延安走出去的青年们也是当之无愧的民族先锋战士!他们投身到了中华民族抗战与解放的壮丽事业中,并用自己的实际行动,甚至最宝贵的生命谱写出了光彩夺目的青春乐章!

---

① 柯仲平:《完成我们的任务》,《新中华报》1938年9月30日,第4版。

> 从平型关战场打了胜仗来到这里休整的六八五团团长杨得志,即将率部队开往前线,他急切地邀请贺绿汀和演剧队到部队去,一个营、一个连地教唱这首歌。杨得志说:"唱会了这首歌就出发。"

游击队歌

游击队歌

贺绿汀　词曲

我们都是神枪手,每一颗子弹消灭一个敌人;
我们都是飞行军,哪怕那山高水又深。

在那密密的树林里,到处都安排同志们的宿营地;
在那高高的山岗上,有我们无数的好兄弟。

没有吃,没有穿,自有那敌人送上前。
没有枪,没有炮,敌人给我们造。①
……

1938年春,八路军总司令部驻地临汾刘庄的上空,正飘荡着这首激昂的抗战歌声的旋律。参加演唱的是上海文化界救亡演剧队第一队的全体队员,戏剧艺术家欧阳山尊吹着口哨为他们伴奏,担任指挥的正是这首歌曲

---

① 贺绿汀:《游击队歌》,《贺绿汀歌曲选》,湖南人民出版社,1981年7月版,第37—39页。

1938年3月,朱德总司令在山西沁县与八路军高级干部合影

的作者贺绿汀。

当时,这里正在召开八路军高级干部会议。在会议间歇的晚会上,这首《游击队歌》还是第一次公开演出。台下端坐的是朱德、任弼时、刘伯承、徐向前、贺龙等八路军将士。歌曲最后一个音符刚刚结束,台下就立刻爆发出热烈的掌声。朱德紧握着贺绿汀的手,由衷地赞扬这首歌"写得好"!

然而许多人并不知道,这首歌曲从酝酿到完成,也不过短短的一个多月。

1937年"八一三"淞沪抗战爆发后,上海文化界爱国人士积极组织救亡演剧队奔赴内地和华北前线,进行抗战宣传鼓动工作。当时已经是著名音乐家的贺绿汀与欧阳山尊、李丽莲、程默、塞克等爱国艺术家一起于8月21日加入救亡演剧队第一队,从上海出发,一路辗转经过武汉、开封、洛阳、西安等地,11月份到达八路军抗战前线山西临汾。打听到八路军办

"青纱帐"里的游击队

事处在临汾城西郊的刘庄,于是队员们一致决定到八路军办事处去休整,并为八路军战士演出。

贺绿汀和队员们到达山西八路军办事处临汾城西8公里地刘庄时,办事处主任彭雪枫非常重视从上海来的演剧队队员,对这批文化人给予了热情的接待,向他们介绍了许多八路军抗战的情况,耐心地回答提问,还组织他们听报告,并给他们送来一批开展游击战的文件资料。当时贺绿汀以八路军游击队为对象,正在酝酿一首抗战歌曲。虽然他参加过广州暴动,对战场并不完全陌生,但对八路军用游击战打击日本侵略者的事迹,还是第一次听到。贺绿汀去八路军总部新成立的炮

八路军敌后武工队

兵团访问,指战员们告诉他,从陕西出发时还没有炮兵,现在看到的还是从与日军作战中缴获的炮。此时,伴随着一串音乐旋律,他脑海中闪出一段歌词:"没有枪,没有炮,敌人给我们造!"一时间,零碎、片段,但却互有联系的音乐旋律回旋在他的脑际。在防空洞里,听到敌机哒哒哒的

扫射声、激烈的机枪声,化作音乐符号,突然变成了小鼓的节奏,又一串音乐旋律在脑海里浮现出来:"我们都是神枪手,每一颗子弹消灭一个仇敌"。伴随着音乐的旋律,贺绿汀脑海里闪现着一个个动人的画面:密林里、高岗上、青纱帐、绿水旁……到处都是游击健儿英勇杀敌的身影。

贺绿汀后来回忆创作这首《游击队歌》的情景时说:

> 记得那时我在临汾躲警报的防空洞里面就开始写《游击队歌》了,大概前前后后写了一个来月,因为里面有许多细节是经过很详细的考虑,从歌本身就可以看到歌词与音乐结合得很密切,把许多政治内容变成艺术形象,是经过很实际的考虑的。节奏、词与曲的关系、曲的组织都是经过比较详细的考虑的。《游击队歌》的词、曲几乎是同时写的。但我总是先有音乐,根据音乐再写歌词。写歌词时也和演剧队员商量过的。①

1995年9月,江苏盐城新四军重建军部纪念馆,并在馆内建绿汀亭。图为贺绿汀手书的《游击队歌》歌词碑文

这首歌曲通过音乐的渲染,反映了处在敌后艰苦环境中的游击战士乐观的情绪、昂扬的斗志和革命的自豪感。贺绿汀表示:在曲词的结合上,我把不重要的字或衬字全都摆在轻拍上,把重要的字摆在长音或强拍上,根据曲调的节奏变化与旋律线的进行来考虑每一句歌词的具体安排,使歌词与曲调吻合。这样,虽然每一句歌词的长短都不相同,但词与曲的起、迄、问、答完全一致,曲调既充分表达了歌词的意义,唱起来也朗朗上口。②

不久,贺绿汀来到八路军部队

---

① 董团、梁茂春:《贺绿汀采访录(二)》,《福建艺术》2014年,第6期。
② 袁成亮:《歌曲〈游击队歌〉诞生始末》,《党史博采》2008年,第7期。

随营学校，在高高的土台上，贺绿汀先指挥演剧队队员演唱，一打拍子，台下的战士也都跟着唱起来了。这首歌传开后，有的部队就派人骑着马奔几十公里路赶来抄谱子。从平型关战场打了胜仗来到这里休整的685团团长杨得志，即将率部队开往前线，他急切地邀请贺绿汀和演剧队到部队去，一个营、一个连地教唱这首歌。杨得志说："唱会了这首歌就出发。"部队出发那天，漫天雪花飘舞，战士们一边放声高唱这首抗日战歌，一边雄赳赳气昂昂地迈开整齐的步伐踏着皑皑白雪向前行进。之后，这首歌不胫而走，迅速传遍全国城乡，甚至在敌占区也广为传唱。

来到中国参加八路军、与中国人民共同抗战的白求恩大夫也非常喜欢这首歌，常常在行军时哼唱。在延安和晋察冀八路军抗日前线采访的美国记者卡尔逊也爱唱这首《游击队歌》，在其所著的反映中国共产党领袖和八路军抗战历程的《中国的双星》一书中多次提到这首歌，并大段引用它的歌词。

1938年，刚到延安的戏剧名家阿甲①，在一次联欢会上，把贺绿汀的《游击队歌》创造性地运用京剧的"流水板"唱了出来，激起全场热烈的掌声。阿甲原本是想进抗大学习，准备学好军事后上战场，没想到这次偶尔的临场发挥，竟让他进了新成立的

贺绿汀与家人在延安

---

① 阿甲，原名符律衡，江苏武进人。1938年春赴延安投奔革命，先后任鲁艺平（京）剧团团长、延安平（京）剧院副院长。

鲁艺实验剧团的京剧小组，也为他的戏剧事业奠定了终身。①

1943年8月，贺绿汀来到延安。不久，在王家坪八路军总部礼堂的文艺晚会上，周扬向毛泽东介绍贺绿汀，毛泽东高兴地称赞说：你的《游击队歌》写得很好啊，你为人民做了好事，人民是不会忘记你的。1947年党中央撤离延安时，毛泽东还关心当时因肺病疗养的贺绿汀：还有个贺绿汀呢，怎么安排的？②

有意思的是，毛泽东还在对鲁艺学员的一次讲话中，引述了《游击队歌》的歌词向大家做报告。毛泽东说：你们不久就要奔赴各地，到实际斗争中去，正如你们唱的《游击队歌》中所说的，"我们都是飞行军，哪怕那山高水又深"。你们不但要在口里唱，而且要实际地去那样做。③显然，这首歌，已经深深地印在毛泽东的脑海里了。

---

① 阿甲：《延安京剧活动追忆》，艾克恩编：《延安艺术家》，陕西人民教育出版社，1992年8月版，第60页。
② 贺绿汀：《为人民做事》，《上海文学》1978年12月。
③ 毛泽东：《在鲁迅艺术学院的讲话》，中共中央文献研究室编：《毛泽东文集》第2卷，人民出版社，1993年12月版，第124页。

> 在东北战场一个宣传队里,一位女青年因吃不了苦而想回家。当她悄悄打好背包走到院子门口时,突然传来队友们那深情的《延安颂》,听到那熟悉亲切的歌声,她好像又回到了火热的战场,心里又激动,又羞愧,含着眼泪回到伙伴中间,和大家一起高唱《延安颂》。大伙都说,是《延安颂》将她给唱回来了。

延安颂

延安颂

莫 耶 词 郑律成 曲

夕阳辉耀着山头的塔影,月色映照着河边的流萤,
春风吹遍了坦平的原野,群山结成了坚固的围屏。
啊,延安!你这庄严雄伟的古城,到处传遍了抗战的歌声。
啊,延安!你这庄严雄伟的古城,热血在你胸中奔腾。
千万颗青年的心,埋藏着对敌人的仇恨,
在山野田间长长的行列,结成了坚固的阵线。
看!群众已抬起了头。看!群众已扬起了手。
无数的人和无数的心,发出了对敌人的怒吼。
士兵瞄准了枪口,准备和敌人搏斗。
啊!延安!你这庄严雄伟的城墙,筑成坚固抗日的阵线,

你的名字将万古流芳，在历史上灿烂辉煌！①

《延安颂》作为延安时期广为传唱的歌曲，感染和激励了不知多少人。词作者莫耶在接受采访时感叹道：鲁艺音乐家时乐濛就是唱着它从河南奔向延安的；电影演员陈波儿从上海到达延安时，欢迎会上她首先唱的就是这首歌。②

《延安颂》歌词的作者莫耶，原名叫陈淑媛，福建安溪南洋归侨，福建厦门大学中文系肄业。1937年秋，她随上海救亡演剧第五队到达延安。在延安，改名为莫耶③，意为宝剑。

《延安颂》词作者莫耶

不久，莫耶进入抗大第三期三大队学习。1938年春，延安鲁迅艺术学院成立，组织上抽调在抗大学习的包括莫耶在内演剧队部分同志到鲁艺戏剧系学习。1938年夏，作家沙汀和何其芳等人从大后方来到延安鲁艺，鲁艺又成立了文学系，莫耶也由戏剧系转入文学系。

李敏杰和袁成亮这样回忆莫耶《延安颂》的创作经过：

那是（1938年）阳春三月的一个傍晚，她和同学们在延安城里开完群众大会之后，登上山坡，鸟瞰全城，但见夕阳辉耀着巍巍的宝塔，灯火映照着滔滔的延河，欢歌笑语在河谷里荡漾。透过月色，莫耶好像看到千万青年昂首阔步从圣地奔赴抗日前方，无数的人和无数的心结成了坚固的阵

---

① 莫耶：《延安颂》，郑律成：《郑律成歌曲选》，辽宁人民出版社，1984年12月版，第256—257页。

② 李敏杰：《莫耶与〈延安颂〉》，《党史博览》2000年，第10期，第19页。

③ 古代宝剑名。神话故事中的人物。干将奉吴王阖闾命作剑，采集金和铁的精英，三月不能熔化。其妻莫邪乃断发剪爪投入炉中，使童女童男三百人鼓橐装炭，金铁乃熔化，遂成二剑，阳名干将，阴名莫邪。莫邪亦作莫耶。

音乐家郑律成指挥演唱《延安颂》

线;好像看到若干年后,延安将载入灿烂的史册,万古流芳。①

恰在这时,鲁艺音乐系学员郑律成也与他们随行,面对此情此景,郑律成抑制不住地一把拉起站在自己旁边的莫耶说道:莫耶,真是太美了,你赶快给我写个歌词吧!因为此前莫耶与郑律成合作过,同样是鲁艺学员的莫耶也就毫不推辞,很快把自己的感受抒写下来。郑律成看到莫耶写的歌词,连声称赞:太好了,写得太好了。我马上就谱曲。②

几天后,在延安大礼堂举行的一次晚会上,由郑律成和鲁艺女声乐家唐荣枚合作演出了《歌颂延安》,演唱获得极大的成功。唐荣枚后来说:1938年春末,在延安城里礼堂举行的一次晚会上,头一个节目就是由我独唱《歌颂延安》。郑律成弹着曼陀林为我伴奏,并在临结尾处与我合唱下声部。唱完后受到听众的热烈欢迎,在座的毛主席也高兴地鼓着掌。③

---

① 李敏杰:《莫耶与〈延安颂〉》,《党史博览》2000年,第10期,第19页。
② 袁成亮:《歌曲〈延安颂〉诞生记》,《党史博览》2008年,第11期,第35页。
③ 唐荣枚:《杜鹃啼血黄土情》,艾克恩编:《延安艺术家》,陕西人民教育出版社,1992年8月版,第402页。

《延安颂》词作者莫耶回忆：

《歌颂延安》唱出的第二天，党中央宣传部来人要走了这首歌的歌词，几天后鲁艺的秘书长维克多同志拿给我一张铅印的歌篇，歌名已改为《延安颂》。秘书长对我说："中宣部问对歌名这样改你有什么意见？"我当时就说："改成《延安颂》好！"①

从此，《延安颂》歌曲广为传唱，脍炙人口。曲作者郑律成感慨地说：我没有想到它像长了翅膀一样，从延安飞到前方，从解放区飞到国统区，直到南洋和东南亚。甚至还流传着关于这首歌引发的真实故事：

抗战胜利以后，在东北战场一个宣传队里，一位女青年因吃不了苦而想回家。当她悄悄打好背包走到院子门口时，突然传来队友们那深情的《延安颂》，听到那熟悉亲切的歌声，她好像又回到了火热的战场，心里又激动，又羞愧，含着眼泪回到伙伴中间，和大家一起高唱《延安颂》。大伙都说，是《延安颂》将她给唱回来了。②

---

① 莫耶：《〈延安颂〉的创作和其他》，曾刚编：《山高水长：延安音乐回忆录》，太白文艺出版社，2001年7月版，第361页。
② 袁成亮：《歌曲〈延安颂〉诞生记》，《党史博采》2008年，第11期，第36页。

> 你们到抗大学习，有三个阶段，要上三课：从西安到延安八百里，这是第一课；在学校里住窑洞、吃小米、出操上课，这是第二课；现在第二课完了，但是最重要的还是第三课，这便是到斗争中去学习。

抗大！抗大！

1946年3月，时任美国总统杜鲁门特使的马歇尔来到延安，①在参观了王家坪中共中央军委作战室之后，觉得不可思议：共产党领导着100多万军队，延安山沟里的统帅部却只有这点儿大！毛泽东对马歇尔说：我这个统帅部，只发布作战命令，其他什么也不发；要衣服没有，要粮食也没有，要钱也没有，要枪要炮也没有。②

使毛泽东如此自信的，是因为有一批又一批的各级军政干部。这些军政干部的成长，大多离不开延安时期的一所著名学校，那就是中国人民抗日军政大学。

中国人民抗日军事政治大学是中国共产党在延安时期创办的一所专门培养抗日军事政治干部的学校。

抗大前身是江西苏区的工农红军学校，后随中央红军长征到达陕北。

---

①1946年1月10日，中共代表同国民党政府代表正式签订停战协定。同日，双方下达于1月13日午夜生效的停战令。根据停战协定，在北平设立由国民党、共产党和美国三方各一名代表所组成的军事调处执行部，负责监督执行停战协定。为了执行停战协议，从1946年2月28日至3月6日，军事三人小组历时7天，视察了华北、华中十几个城市。3月4日，军事三人小组飞抵延安，中共中央和陕甘宁边区领导人毛泽东、朱德、刘少奇、林伯渠等和各界群众6000余人到机场迎接。

②杨尚昆：《杨尚昆回忆录》，中央文献出版社，2001年9月版，第227页。

延安1938

1938年，位于延安二道街的抗大总校校部

1936年1月在陕北瓦窑堡成立了"西北抗日红军大学"，不久改名"中国人民抗日红军大学"（简称"红大"）。7月初，迁至保安县（即志丹县）。

1937年1月13日，中共中央进驻延安。1月19日，中央军委决定将"中国人民抗日红军大学"更名为"中国人民抗日军事政治大学"（简称"抗日军政大学"或"抗大"），校址在延安城内二道街。毛泽东任抗大教育委员会主席，林彪任校长兼政委，刘伯承任副校长，罗瑞卿任教育长。当年8月，第三期开始招生，分为三个大队。当年抗大的招生简章中规定了办学宗旨：以培养抗日战争中军事政治的领导干部为目的。入学资格为年满十八岁以上，三十岁以下，大学、高中或初中毕业，或具有同等学力，不分党派、不分信仰、不分性别，以抗日高于一切，坚决献身于民族解放事业者，都可以报考。①

1938年春，抗大同学会成立。3月5日，毛泽东亲自题词："坚定正确的政治方向，艰苦奋斗的工作作风，加上灵活机动的战略战术，便一定能够驱逐日本帝国主义，建立自由解放的新中国。"这个题词与"团结、紧张、严肃、活泼"成为抗大的教育方针和校训。②

抗大对学员的编制与生活管理完全按照军队的方式，甚至比军队更艰苦一些。1938年在抗大四大队学习的李镛回忆：

---

①《抗大动态》1938年动员社刊行。
②1960年春，中央军委扩大会议将抗大的教育方针和校训归结为"三八作风"，并提出在全军普遍实行这一作风的倡议。5月6日，解放军总政治部就宣传"三八作风"问题请示毛泽东。5月8日，毛泽东指示："以1938年的三句为好，奋斗二字改为朴素为宜。"随后，毛泽东手书了抗大的教育方针和校训，即"坚定正确的政治方向，艰苦朴素的工作作风，灵活机动的战略战术"和"团结、紧张、严肃、活泼"。

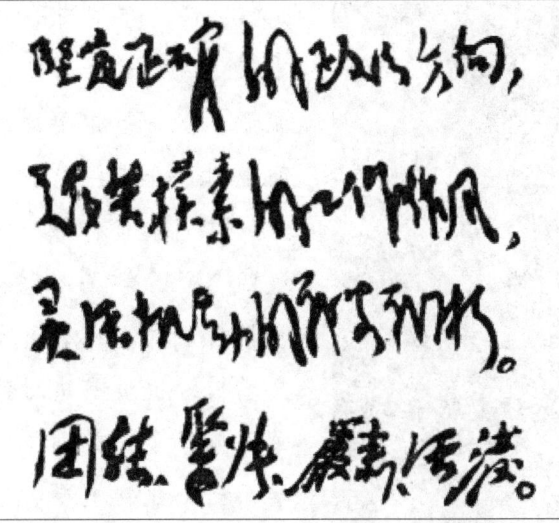

毛泽东为抗大制定的教育方针和校训

我们一个小队十几个人住在宝塔山下一个小平房里，打地铺，十几个人紧紧挤在一起，没有桌子、椅子等家具，土坯垒起来再用纸一糊就是很漂亮的桌子。延河就是脸盆，也就是我们的澡堂。设备虽然简陋，但是很整洁，很卫生，所有用品如衣服、书籍等都放在枕套里当枕头，鞋子并排挂在墙上的最下层，水碗挂在腰里随时带着，吃的是小米饭干豆角。生活虽然艰苦，但大家兴高采烈，身体健康，很少生病。[1]

抗大的课程有社会科学、游击战术、中国问题、政治经济学、战略学、政治工作等。[2]毛泽东经常到抗大出席开学典礼、结业典礼，亲自授课或做报告，在抗大干部会上强调教员是教育干部的干部，要下决心安心当教员。他非常重视教材编写工作，还主动承担了游击战争教材的编写任务。[3]

1938年3月20日，毛泽东在抗大第三期第三大队讲话，他说：

你们到抗大学习，有三个阶段，要上三课：从西安到延安八百里，这

---

[1] 李镛：《抗大生活的一页》，刘昌亮编：《魂牵梦绕忆延安》，中共党史出版社，1994年2月版，第59页。
[2] 唐柯：《到延安抗大以后》，《新华日报》1938年11月10日，第4版。
[3] 中共中央文献研究室编：《毛泽东年谱》中卷，中央文献出版社，2002年8月版，第71页。

延安 1938

1938年，毛泽东给抗大学员做报告

是第一课；在学校里住窑洞、吃小米、出操上课，这是第二课；现在第二课完了，但是最重要的还是第三课，这便是到斗争中去学习。

你们校长林彪，他只在黄埔里读过四个月，学了的也忘记了，他现在常常打胜仗。还有贺龙，他没有进过文学校，也没有进过武学校，他一把菜刀搞了个二方面军。那么你们现在学了三个月，更要去当排长连长与教师。战略战术这里学一点，更要到战场上去学习。①

曾在抗大学习的王仲方回忆起毛泽东给第三期学员讲课，认为毛泽东非常平易近人：

1937年抗大三期三大队的同学们看到油印的教材《矛盾论》《实践论》，是毛泽东给抗大二期学员亲自讲授的，大家提出也要听毛泽东亲自教授。一直等到1938年3月快毕业时突然听说毛泽东答应大家的要求，在他凤凰山住处的院子里"开小灶"，每天下午讲两个小时。一连讲了好几天，边讲边回答学员提的问题。每次讲课结束，大家请毛泽东在笔记本上题字签名。开始时毛泽东一本一本地题，后来看到堆集的笔记本越来越多，他就说我抱回去题好再还你们，于是便卷起上衣，把一大摞笔记本捧进屋里，第二天又一本一本发给大家。其亲切之情十分感人。②

---

① 中国人民解放军国防大学：《中国人民抗日军事政治大学史》，中国人民解放军国防大学出版社，2000年9月版，第44—45页。

② 王仲方：《延安风情画——一个"三八式"老人的情思》，中国青年出版社，2010年1月版，第151页。

1938年4月9日，在抗大第四期第三大队开学典礼上，毛泽东做《在抗大应当学习什么》的讲演，要求学员们在抗大期间学到抗日救国这样一个宗旨。为了实现这一宗旨，他说：

抗大学员奔赴抗战前线

你们在这里应当学到以下的几样东西：

第一，首先是学一个政治方向。政治方向可以有许多不同的方向，你们却要学一个正确的政治方向，要抗日救国，怎样打，为什么日本帝国主义一定能打倒的正确的政治方向。其次，要学一个达到及完成这种政治方向的工作作风——艰苦奋斗的工作作风。必得有这种作风才能达到及完成以上的政治方向。再次，抗大是军事学校，还要做一个军人，学习军人的样子。……总之，你们在这里要学得正确坚定的政治方向，艰苦奋斗的工作作风，加上灵活的战略战术，这样我们便能够最后战胜敌人。

第二，你们在这里要学做干部。单是干部不能战胜敌人，没有干部也不能打败敌人。……你们要把握紧正确的政治方向，经过你们传播这政治方向于广大的人民，教育他们，组织他们。因为事实上不可能使全国人民都到这里来学习，却可以靠你们将来在工作中间把这个政治方向告诉全国的人民，使他们都明了中国怎样而且一定能够打败敌人，使这个政治方向成为全国人民的政治方向。同时你们也要传播艰苦奋斗的工作作风，使广大民众都能坚定地不动摇地与任何困难奋斗。

第三，你们还要下一种决心。你们从很远的地方辛辛苦苦地来延安学习，我看是已经有了决心的。什么决心呢？延安没有升官发财的机会，你们来此一不为升官，二不为发财，那么远道来此，究竟为什么呢？无疑的是为了抗日救国，所以你们是有抗日救国的决心的。……抗日战争的征途上困难还很多，你们要下一个更大的决心——不怕任何艰苦向前迈进的决心！①

1938年4月16日，抗大第四期开学，至年底陆续毕业。这一期是抗大发展史上最为鼎盛的时期，共收学员5562人，其中八路军和新四军干部907人，知识分子4655人，编为8个大队。曾在抗大第四期学习的汪占非回忆：

一九三八年，我经西安七贤庄八路军办事处编队，长途行军到达延安。大约休息了几天，就被编入"中国人民抗日军政大学"四大队五队学习。……抗大这一期的学习定为三个月，虽然时间不长，我们大家学到的新东西，可多得了不得，是闻所未闻的。政治课有中国问题、政治常识、辩证唯物主义。军事课有"制式教练""抗日战争""抗日游击战争的战略问题"，排进攻和班进攻演习、步枪实弹射击、手榴弹投弹实习，等等。

……在延安抗大，我们迎来了第一个"十月革命"节。从十月三十日起，大队部就着手准备庆祝活动，抽调各连队的"美术人才"，张振光同志和我一起被抽调到大队部。政治处主任让把以前从武汉带来的大张"磅纸"和水彩画颜料都拿出来给我们使用。记得振光同志创作了一幅较大的彩色宣传画，我画了一幅斯大林同志高举右臂的彩色大半身像。②

就在这一期开学不久，1938年5月上旬，世界学联主要负责人组成代表团来到中国，他们是团长柯乐满（英国人），团员雅德（女，美国人）、

---

① 毛泽东：《在抗大应当学习什么（1938年4月9日）》，中共中央文献研究室编：《毛泽东文集》第2卷，人民出版社，1993年12月版，第116—119页。
② 汪占非：《异国战友》，孙新元、尚德周编：《延安岁月》，陕西人民美术出版社，1985年4月版，第207—208页。

雷克难（加拿大人）、傅路德（英国人）。代表团一行先后访问了广州、长沙、上海、南昌、武汉、重庆、成都等地。6月29日至7月4日，代表团访问了延安，并且还专门来到抗大访问。

1938年夏，世界学联代表团在抗大参观访问

7月3日晚，在全校教职学员欢迎会上，以抗大教育委员会主席毛泽东等人的名义，授予四位世界学联代表抗大名誉博士证书。① 另外还将旗帜、抗大校服赠予四位抗大名誉博士，并特别赠予雅德女士一双草鞋、领章、毕业证章、讲义（有几种已译成英文）等。柯乐满在发言中感谢抗大给予的荣誉，他说：同志们给我们许许多多的礼物，尤其是艰苦奋斗的作风这件最宝贵的礼物，使得我们感到万分的兴奋！雅德、雷克难、傅路德也先后发言，表达了自己愉快的心情和美好的祝愿。②

世界学联代表团离开中国后，不仅在世界青年大会上宣传抗大，而且派人到美、英、法、加、比、荷等国的著名大学做报告，宣扬抗大精神。

1938年5月21日，毛泽东为抗大第四期学员题词——"学好本领，好上前线去。"

在当时的环境下，抗大的学习条件既艰苦，学习节奏又很紧张，据曾在抗大学习的学员许道清回忆：

---

①②抗大丛书编辑委员会编：《抗大欢迎世界学联代表团特辑》，抗大政治部1938年出版，第13页。

当时抗大的学习非常紧张，白天上课、训练，晚上小组学习、讨论两小时。学习照明点的是小油灯，为了节约，讨论时就将小油灯熄灭。学习主要形式是听报告和小组讨论。抗大课堂就是广阔的天地，当时日本飞机常来延安上空侵扰，我们上课在山沟里，飞机袭来时就进窑洞躲避，飞机走了，再集合继续上课。讲课时，教学设施只有一张长桌、一只凳子、一个热水瓶、一个杯子，有时备一块土黑板。我们学员席地而坐，以膝或土埂或旧砖头为课桌。①

抗大学员李清潍也介绍了他们在城隍庙伴随着木鱼声学习的场景：

在城外窑洞中住了不长时间，我们就移到城里城隍庙中住。打扫干净两庑的尘土，作为我们的宿舍，而正殿中菩萨神像则丝毫没动。泥像之前，老道士每日照常击鼓鸣钟，念诵经文，善男信女们在照常烧香磕头，求神许愿。但正殿隔壁就是我们的课堂，艾思奇、任白戈等同志，正在讲授"辩证唯物主义"，大殿里香火缭绕，木鱼声声，伴随着我们的琅琅书声，真是别有一番情趣呢。唯心、唯物，同时存在于一个屋顶之下，恰恰形成了鲜明的对比。②

除了毛泽东外，还有许多中央领导人到抗大做报告。曾在抗大学习的滕敏灿回忆：

在延安时给我印象最深的是毛主席。他当时已是公认的领袖，威信很高，经常到抗大来做形势报告。大家对报告很有兴趣。毛主席在延安写《论持久战》，还有《中国革命运动史》《战略策略问题》等，写完之后就给我们学生讲。六届六中全会的报告也是毛主席亲自传达的，虽然是湖南口音但大多听得懂。对于抗大学生来说，他既是领袖又是老师。其他领导人如周恩来、朱德、彭德怀也是一有机会就来给学生做报告。③

---

① 许道清：《在革命的大熔炉里成长》，中共上海市委党史研究室编：《口述上海：浦江之畔忆延安》，上海教育出版社，2009年9月版，第205页。

② 李清潍：《我到了延安》，中共临沂地委党史资料征集委员会：《忆沂蒙》续，山东人民出版社，1985年7月版，第152页。

③ 滕敏灿：《七年延安生活点滴》，中共上海市委党史研究室编：《口述上海：浦江之畔忆延安》，上海教育出版社，2009年9月版，第245页。

徐以俊也记录了时任中央组织部部长的陈云给他们上课的情景：

> 干部政策是学习的主要内容，这门课由陈云同志亲自来教。那时陈云同志担任中央组织部部长，很忙。训练班的同学每天就到组织部的院子里，在屋檐下自习或开小组会，陈云同志什么时候有空就什么时候上课。他给我们上了一个来月的课，把干部政策各项原则详细讲了一遍，他所强调的实事求是原则使我们印象深刻，终生受益。①

抗大的文化娱乐活动也非常精彩。当时，来自上海救亡演剧第三队的左明、张平、孙维世等人在三期九队学习。1938年初，抗大举行纪念"一·二八"淞沪抗战6周年的运动会并举行戏剧、歌咏比赛。演出的话剧《血祭上海》在延安引起了轰动，孙维世在剧中扮演的大小姐给人们留下深刻印象，后来大家索性叫她"大小姐"了。吕骥、郑律成、贺绿汀、欧阳山尊等当时已成名的艺术家、文学家，也都是抗大的学员。

抗大学员队普遍成立了"救亡室"，作为学生活动的中心，负责举办各种晚会，如音乐、戏剧、魔术、谜语等。在抗大三大队学习的徐灵学过美术，所以抗大救亡室布置以及组织的活动，包括画宣传画、布置会场、美术设计等，就由他

时任中央组织部部长陈云在延安

和另外的同学负责了。由于有这方面的特长，又能做宣传教育工作，徐灵毕业后被分配到"东北干部队"继续学习，准备挺进东北抗日。他在离开延安前，以此为主题，又是画宣传画，又是写标语："打回老家去！""援助东北抗日联军，开展游击战争！"在延安街头就出现了画着黑山白水为标记的"东干队"宣传画和标语。②

----

① 徐以俊：《抗日救国道路的探索》，中共上海市委党史研究室编：《口述上海：浦江之畔忆延安》，上海教育出版社，2009年9月版，第125页。
② 徐灵：《啊！延安——革命美术的摇篮》，孙新元、尚德周编：《延安岁月》，陕西人民美术出版社，1985年4月版，第439页。

延安1938

抗大师生参加延安军民集会

为了防备日军空袭延安，中央决定将抗大迁至延安以东45公里的瓦窑堡。4月2日，毛泽东对即将从延安迁到瓦窑堡的抗大第四期第一大队做临行讲话，说抗日军人必须具备三个条件：一要开展，就是在政治方面知大局，顾大体，因此在军事方面要讲点战略问题、兵团以上的问题。二要积极，就是要有政治热情和政治积极性，有了这种积极性就可以战胜工作中的困难。三要有朝气，就是要有蓬蓬勃勃向上发展之气。

据抗大学员汪琪回忆：

1938年六七月间，由于日本鬼子的飞机频繁轰炸延安，① 中央决定将抗大迁至延安以东45公里的瓦窑堡。重新编队后成为抗大一支队，支队长是胡耀邦。……我们还有战斗任务。我们每一个学员有一支步枪，当时我也是带着枪的，一支步枪三个手榴弹。

不久，日本鬼子扬言要渡过黄河进攻延安。中央决定将抗大迁到敌后根据地。在出发前的动员会上，副校长罗瑞卿慷慨激昂地说："敌人要打

---

① 据记载，1937年7月，日本侵略者来了一架飞机在延安上空盘旋侦察。1938年11月20日（星期日）、21日（星期一），日本侵略者飞机连续两天轰炸延安，这也是日本侵略者第一次空袭延安。汪琪回忆录中"频繁轰炸延安"乃为"频繁侦察延安"之误。

过来，我们就到敌人后方去！"面对日军的大扫荡，在抗大，学习也变得异常困难。为了不影响学习，每个学员背上的行装上还挂着一块小黑板，上边写着字。我们边行军、边学习，既完成了军事任务，又学习了文化知识。当时，学员中流传着这样一句顺口溜："认字就在背包上，写字就在大地上，课堂就在大路上，桌子就在膝盖上。"①

　　抗大最主要的历史功绩，就是培养造就了一大批德才兼备的军政干部。据统计，1938年毕业的第三、四期两期学员中陆续参加抗日战争各个方面工作的有五六千人，1938年末，第五期在校学习的有一万多学员，其中女生一千余人。②

---

① 汪琪：《我成长的摇篮》，中共上海市委党史研究室编：《口述上海：浦江之畔忆延安》，上海教育出版社，2009年9月版，第15页。
② 齐礼编：《陕甘宁边区实录》，解放社，1939年12月版，第119页。

> 《红楼梦》里有个大观园。大观园里有个林黛玉、贾宝玉。你们鲁艺是个小观园。你们也是林黛玉、贾宝玉。但是,我们的女同志不要学林黛玉,只会哭。我们的女同志比林黛玉好多了,会唱歌,会演戏,将来还要到前方打仗。抗日根据地就是大观园。

艺术家的摇篮

在延安城附近延河右岸的山隈里,半山腰摆开几排错落的窑洞,山脚下则躺着几幢新搭的茅屋,这便是鲁迅艺术学院了。每当晨光熹微或夕阳西下的时候,这一带总是洋溢着雄壮的或清脆的歌声。也常常可以看见二三青年男女,坐了一只矮脚凳,抱着画板,让手中的画笔谨慎地在画板上旅行。[①] 这段颇具诗意的场景描写,是当年在延安生活学习的人对鲁迅艺术学院的真实再现。

鲁艺是延安时期中国共产党所创办的培养艺术人才的专门学校。

1938年2月,由毛泽东、周恩来、林伯渠、徐特立、成仿吾、艾思奇、周扬七人联合发出的《鲁艺创立缘起》:"艺术——戏剧、音乐、美术、文学是宣传鼓动与组织群众的最有力的武器。艺术工作者——对于目前抗战是不可缺少的力量。因之,培养抗战的艺术工作干部,在目前也是刻不容缓的工作……因此,我们决定创立这所艺术学院,并且以已故的中国最大的文豪鲁迅先生为名,这不仅是为了纪念我们这位伟大的导师,并且表示我们要向着他所开辟的道路大踏步前进。"从此,拉开了创办鲁艺的序幕。

---

① 齐礼编:《陕甘宁边区实录》,解放社,1939年12月版,第147页。

事实上鲁艺的创办还与年初延安街头上演的一部轰动全城的戏剧有关。1938年1月28日，为纪念淞沪抗战6周年，延安文艺界联合公演了四幕话剧《血祭上海》，演出获得了很大的成功。后来中央宣传部专门设宴招待全体演职人员。席间，毛泽东称赞戏演得好，并吸收了大家的建议，倡议以这些文艺工作者为基础，在延安创立一所新的艺术院校。

鲁艺成立初期，学员大多数是从延安各单位爱好文艺的青年中招考录取，同时，也吸收了外地来延安的几个抗战文艺团体的成员。其中音乐系第一届的学员只有15人，大多数是从抗大或陕公转过来的爱好音乐的青年。刚开始，鲁艺还没有固定校址，就在延安城凤凰山麓的鲁迅师范学校借用了几间房子，开始招生了。不久之后，才选定在延安旧城北门外西侧一个山洼的半坡上离城不到一公里的地方办学。①1938年3月7日，鲁艺公布了院系机构和主要负责人名单后，14日就开始上课了。

鲁艺第一届学制为6个月，分为两个学期，设戏剧系、音乐系、美术系三个系，学员60余人。

1938年4月10日，在延安城内中央大礼堂（即浸信会基督教堂）内，隆重举行了鲁艺成立大会，毛泽东出席了大会。

新创办的鲁艺校址，在延安旧城北门外西侧一座山的半山上，离城不到一公里。那里原有上下两排二十来孔东南向的土窑洞，就成了鲁艺校部和主要的教学活动场所。在半山坡上修建了简陋的平房十余间，作为教员的住房；食堂、伙房和后勤所需的房屋也建在那里。后来又由师生员工自己动手，在西侧山腰添挖了两排新土窑，扩大学生和职工的住室；山下有一大片坎坷不平的旧文庙废墟，可作学校自由活动的场院。②

鲁艺正式开办后，引起了广泛的关注，除了到延安投考报名的学员外，全国各地通过书信询问的也络绎不绝。为此，负责鲁艺工作的沙汀专门在延安《新中华报》上就大家关心的问题，特别是招生和学习情况进行了介绍：

---

① 钟敬之：《延安鲁迅艺术学院概貌侧记》，《新文学史料》1982年，第2期。
② 钟敬之：《延安鲁艺——我党创办的一所艺术学院》，孙新元、尚德周编：《延安岁月》，陕西人民美术出版社，1985年4月版，第498页。

延安 1938

1938年4月10日，鲁艺第一期在延安城内浸信会教堂举行开学典礼，图为鲁艺师生在教堂前合影

鲁迅艺术学院不是一个"天地玄黄"从头学起的学校，所以来投考的多少须有一点艺术的素养，尤其在政治与艺术理论认识方面，也须有相当基础。每个想来投考的该知道，在这里经过了一个短期间（六个月在校上课，二个月出发实际工作）训练，就作为一个干部分配到各地去从事抗战艺术的工作。①

刚刚开办的鲁艺，办学条件非常简陋，包括教师也是逐步补充的。曾担任鲁艺音乐系教员的向隅回忆：

除了全院的必修课程，音乐系第一届先后开设了视唱、练耳、指挥、唱歌、练声、乐器、乐理、作曲、作词、朗诵、音乐概论等专修课。教员

---

① 沙汀：《告关心鲁迅艺术学院的朋友们》，《新中华报》1938年6月20日，第4版。

只有吕骥与我二人,……吕骥要我动员妻子唐荣枚也来鲁艺任教。(她后来于)1938年3月中来到延安,担任鲁艺的声乐指导和音乐系的声乐教员。……鲁艺音乐系刚创办时遇到了很多困难,由于教员和学员的共同努力,许多困难很快就得到了解决:没有教材,教员就自己动手编写;教员不够就大家集体讨论、共同研究;水平不齐就分成小组,甚至个别上课,发动学员互教互学;没有乐器,我带去的一把小提琴大家轮流练习,再把胡琴、笛子、口琴、风琴以及打击乐器都利用起来;缺乏参考资料,就把能找到的中外歌曲、民歌小调甚至宗教音乐作品,都当作教学的研究对象;住的地方不够,学员就自己动手挖窑洞。①

戏剧系第一期虽然只招收了30名学员,但阵容却很强大。他们大都

鲁艺初期的院系负责人及戏剧系、美术系部分教员,左起:天蓝、胡考、方华、钟敬之、王震之、徐一新、陈伊范、沙可夫、胡一川、江丰、沃渣、张庚、左明、魏克多、吕骥,左上是崔嵬、丁里

---

① 向隅:《追求与奉献》,艾克恩编:《延安艺术家》,陕西人民教育出版社,1992年8月版,第381页。

来自外地到延安的几个演剧队,这些演剧队中,有不少著名的戏剧界人士,如塞克、左明、崔嵬、丁里、王震之、陈荒煤、姚时晓、钟敬之等。据后来担任戏剧系主任的张庚回忆:

1938年春天,我(时任"蚁社"流动宣传队成员,中共地下党员)接到周扬从延安打来的电报,要我到延安去,参加筹备革命根据地的一所艺术学院的工作。……1938年3月,我到达延安,立即投入了艺术学院的筹备工作。……

戏剧系成立之后,我任戏剧系主任,崔嵬、左明、姚时晓、王震之等人当了教员,各演剧队的年轻队员就大多成了学员。严格讲起来,那时鲁艺的学生和老师之间的区别也不太大。学员们都有较高的文化水平,还有一定的文艺和戏剧的修养,参加演剧队的工作已相当长时间,有较多的舞台经验。因此,很快就能自编自导地演出许多戏来。几乎一两天就有一个晚会,演的戏大约有《弟兄们拉起手来》《人命贩子》《矿山》《一心堂》等独幕剧,以及活报剧《希特勒之梦》《国际玩具店》。

第一期的学员没上什么课,主要就是演戏、实践。学习了3个月后,这30名学员就纷纷被派往晋东南、晋西北、山东等敌后的部队中去开展戏剧工作。八路军的各个部队里都有剧社,这是红军时期留下的传统。这些学员到了部队剧社,就都成了业务骨干。后来有好些活跃在剧团、影坛的演员、导演如贾克、张平、陈强、吕朋、苏里等都是鲁艺第一期毕业的学员。①

鲁艺开学后不久,4月28日下午,毛泽东在警卫员的陪同下,骑马来到鲁艺驻地,在半山坡的一块平地上,对全体师生做了一次重要讲话。他倡导文艺工作者的创作、演出要深入到生活中去,提倡大家"下马观花"。毛泽东说:

现在艺术上也要搞统一战线,不管是写实主义派、浪漫主义派或其他什么派,都应当团结抗日。艺术作品要有内容,要适合时代的要求、大众的要求。

---

① 张庚:《我在延安的戏剧活动》,艾克恩编:《延安艺术家》,陕西人民教育出版社,1992年8月版,第33—35页。

鲁迅艺术学院要造就具有远大的理想、丰富的斗争经验和良好的艺术技巧的一派艺术工作者，这三个条件缺少任何一个便不能成为伟大的艺

毛泽东给鲁艺学员做报告

术家。青年艺术工作者应到大千世界中去，到实际斗争中去，使艺术作品具有充实的内容。浪漫主义原来的主要精神是不满意现状，用一种革命的热情憧憬将来，这种思潮在历史上发生过伟大的积极作用。一种艺术作品只是流水账式地记述现状，而没有对将来的理想是不好的。在现状中看出缺点，同时看出将来的光明和希望，才是马克思主义的精神。①

毛泽东还幽默地说：

《红楼梦》里有个大观园。大观园里有个林黛玉、贾宝玉。你们鲁艺是个小观园。你们也是林黛玉、贾宝玉。但是，我们的女同志不要学林黛玉，只会哭。我们的女同志比林黛玉好多了，会唱歌，会演戏，将来还要到前方打仗。抗日民主根据地就是大观园。你们的大观园在太行山、吕梁山。②

1938年7月，鲁艺从第二届开始增设文学系，系主任由周扬兼任。文学系教员有周立波、萧三、陈荒煤等。周立波不但是一位卓有成就的作家，而且还是一位具有渊博学识和深厚理论修养的学者。他主讲的名著选读课，

---

① 中共中央文献研究室编：《毛泽东年谱》中卷，中央文献出版社，2002年8月版，第65页。

② 刘益涛：《十年纪事 1937—1947年毛泽东在延安》，中共党史出版社，2007年4月版，第57页。

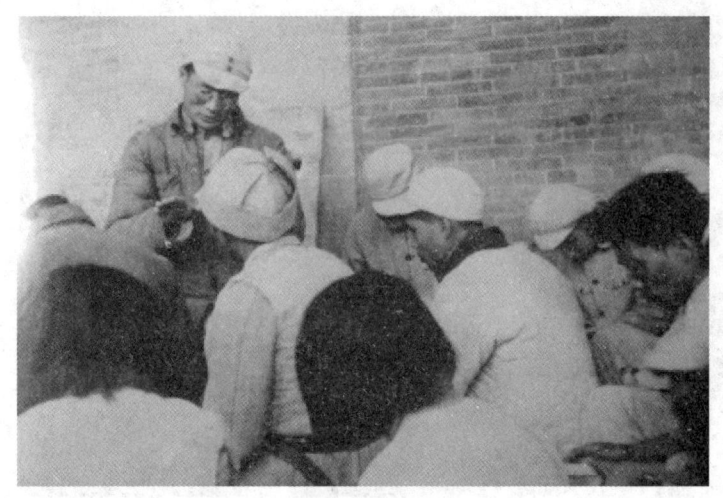
文学系教师周立波在给学生上世界名著选读课

细致入微，条理清晰，于娓娓动听之处，颇有严密的逻辑性。再加上他举止优雅，风度翩翩，语调轻柔，名著选读课立即在学生中赢得了极高的声誉。听课者从文学系扩展到其他三个系，后来又扩大到延安其他的机关、学校。许多外单位的人提前打听好他讲课的时间，步行几公里路来听课，听课者常常达200余人。每当这个时候，"课堂"便不得不从文学系的小院搬到鲁艺的篮球场上。有人还把周立波的讲课称为鲁艺历史上"最具浪漫色彩的篇章"。

文学系还组织了文学社团草叶社，出版《草叶》双月刊。1938年8月，以鲁艺文学系学员为主成立的文学团体"路社"，旨在进行以诗歌为主的文学研究和创作活动。路社在院内和延安的街头创办了街头诗墙报，刊登社员们的作品。每遇纪念节日，路社还散发诗歌传单进行抗日文化宣传。中共六届六中全会期间，毛泽东还特地为路社座谈会复信说：诗歌要反映人民生活和抗日的现实斗争，诗歌要适合大众需求，运用大众的语言，并且要大致押韵。

鲁艺课程方面，分必修、专修、选修三种。必修的有科学社会主义、辩证法、中国问题、中国文艺运动、艺术论等，选修的有外语，也可选别的系的课，还有特别讲座。专修的是各系专门的课目。[①]如文学系有艺术论、旧形式研究、世界文学、中国文艺运动史、名著研究、俄文、创作；美术

---

① 邓发民：《鲁迅艺术学院访问记》，《新华日报》1938年4月19日，第4版。

系有解剖学、透视学、美术座谈、野外写生、室内写生、中国文艺运动、艺术论、社会科学;音乐系有音乐概论、作曲法、指挥、视唱练耳、乐器练习、艺术论、中国文艺运动、社会科学;戏剧系有读词、化装术、戏剧概论、排戏、作剧法、表演术等。此外,各系还有各种研究小组和课外文化活动。①

在办学过程中,鲁艺不仅加强艺术实践,积极参加延安各类文化艺术活动,同时通过举办各种作品展览会、演唱会、演奏会、戏剧表演,丰富了延安的文化生活。

鲁艺在开办之初,确立了办学的教育方针:以马列主义的理论与立场,在中国新文艺运动的历史基础上,建设中华民族新时代的文艺理论与实际,训练适合抗战需要的大批艺术干部,团结与培养新时代的艺术人才,使鲁艺成为实现中共文艺政策的堡垒与核心。

钟敬之设计的话剧《一心堂》舞台图稿

为庆祝中国共产党成立17周年,庆祝抗日战争一年来所取得的胜利,鲁艺决定创作演出三种不同形式的节目,即三幕话剧《流寇队长》、三幕歌剧《农村曲》及京剧《松花江上》(根据京剧《打渔杀家》改编)三台大戏。陈强在回忆曾经参与的鲁艺戏剧节演出时写道:

为纪念"七·七"抗战一周年,鲁迅艺术学院与延安文化界联合组织了一次规模空前的戏剧节,演出三台大戏,有话剧《流寇队长》、京戏《松花江上》

---

① 萧英:《抗战艺术在肤施——鲁迅艺术学院的轮廓画》,《新华日报》1938年10月28日,第3版。

音乐系李焕之等人组成的鲁艺小乐队

和歌剧《农村曲》。我们到延安不久，只能给那三个戏搞舞台工作或跑跑龙套。我一直是认真地跟着看戏，向老演员学习，暗自下功夫。导演在现场排戏，我在场外心记，跟久了，把几个我所爱的角色的台词、动作都记熟了。……（后来有的演员因为离开延安，新人一时没补充上，正在导演为难时）我只好鼓起勇气毛遂自荐，请求导演试试我能否演这一角色。左明很欣赏我的勇气，同意让我试试看。一试导演很满意，从此这一角色就由我来扮演。……在我的艺术道路上，我迈出了第一步。①

鲁艺音乐系办学之初，设施很简陋，除天主教堂原有的一架旧风琴外，其他能见到的乐器只有一根笛子、几把二胡、一把小提琴、一个口琴和几件打击乐器。就是这样一个小乐队，还成功伴奏了边区第一部歌剧——《农村曲》。经过一个多星期的紧张排练，7月7日晚，在延安城内中央大礼堂正式演出了歌剧《农村曲》及话剧《流寇队长》。

歌剧《农村曲》（李伯钊编剧，吕骥、向隅、安波作曲，后改名为《儿女英雄》）以反映中国人民抗日救国的现实题材，新颖的艺术形式，生动感人的舞台表演，富有民族风味的音乐，受到延安各界观众的热烈欢迎。可以容纳五六百人的大礼堂总是挤得满满的，连续演出了20余场，始终座

---

① 陈强：《我是演歌剧起家的》，艾克恩编：《延安艺术家》，陕西人民教育出版社，1992年8月版，第126页。

无虚席。

作为初创的学校,鲁艺演剧所需的用品奇缺,一开始幕布只有某一演剧团体随团带去延安的几块蓝布条,每次晚会的大幕常是从边区抗战剧团借的,所以在搭景时临时借用大

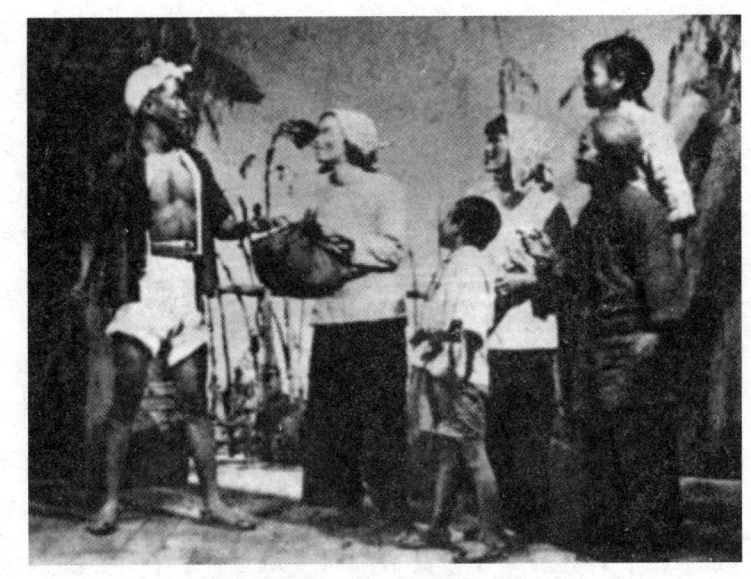

三幕歌剧《农村曲》剧照

家的卧具被单和灰呢军毯是常有的事。但即使面对这样简陋的场地和布景,艺术家们却一点也不含糊。那时的演出,都是在延安城内中央大礼堂的小舞台上进行的。曾在鲁艺任教的钟敬之回忆:

这个大礼堂的小舞台,说小也真是小,整个台面的大小不足70平方米,表演区域约可用20平方米左右。……虽然在这样一个小小天地里,我们还是想方设法将它按照话剧演出的需要,搞了个镜柜式舞台的装置,挂起大幕、后幕和天幕,以及三道横檐幕和两侧翼幕。至于照明灯光,那时延安没有电灯,用的是煤油汽灯,经过我们套上几种专门设计的灯光罩筒,分悬在幕间三至四道顶光位置上,居然也能创造一种基本的舞台照明效果来。①

1938年8月1日,鲁艺戏剧系组建了实验剧团,其宗旨是"要成为抗战戏剧实际行动的模范"。实验剧团与戏剧系的教学结合在一起,编写演出了《一心堂》《鲁迅之死》《棋局未定》等一大批剧目,创造了鲁艺建校初期话剧演出颇为繁荣的局面。

---

① 钟敬之:《多姿多彩的延安舞台生活》,艾克恩编:《延安艺术家》,陕西人民教育出版社,1992年8月版,第187页。

在延安城未遭敌机轰炸以前，每个城门口都设有鲁艺定期的（一般是两周一换）大型"街头画报"。1938年夏末，鲁艺在延安城内中央大礼堂举办了一次美展。其中有套连环画名为《抗战大事记》，共二十四幅，反映和描写抗战一年来所发生的大事。① 延安曾经举办农业展览会，鲁艺教师夏风和焦心河被派去给展览会画画。他们住在南门外西侧半山坡上的一孔石窑洞中，周围就是马厩，经常听到马的嘶叫，还要经常防空，但还是完成了任务。

由于木刻所用的原材料随处可取，可不受客观条件的限制，不像油画等必须有专门的颜料，因此，鲁艺的木刻就在美术系重点地发展起来，还举办木刻研究班，培养出一大批著名的木刻艺术家。1938年5月，胡一川在鲁艺任木刻教员并负责木刻研究班工作。在鲁迅先生逝世一周年时，木刻研究班出了一本纪念木刻集，作品是由作者亲自拓印的原作，贴在马兰纸上订成的。……另外也由木刻研究班负责编辑，它位于延安城内鼓楼底下，出过四期木刻壁报。② 在鲁艺美术系任教的罗工柳回忆起1938年6月间，他从武汉来到延安，当时延安古城有个鼓楼，鼓楼南口有个定期的"木刻壁报"，就是鲁艺木刻研究班主办的。③

鲁艺的生活艰苦而又愉快。在鲁艺美术系任教的彦涵这样描述他们的生活情形：

我们吃的是小米，住的是窑洞，穿的是草鞋布衣。此外，每人有一个马扎和一块画板。各人的膝盖就是自己的书桌。④

冼星海这样描述第一次吃小米饭的感觉以及在鲁艺的生活：

---

① 夏风：《在延安经历的几件事》，孙新元、尚德周编：《延安岁月》，陕西人民美术出版社，1985年4月版，第425页。
② 胡一川：《民族解放的斗争武器》，孙新元、尚德周编：《延安岁月》，陕西人民美术出版社，1985年4月版，第377页。
③ 罗工柳：《点滴回忆》，孙新元、尚德周编：《延安岁月》，陕西人民美术出版社，1985年4月版，第359页。
④ 彦涵：《我的一点回忆》，孙新元、尚德周编：《延安岁月》，陕西人民美术出版社，1985年4月版，第394页。

这饭不好吃，看来金黄可爱，像蛋炒饭，可是吃起来没有味道，粗糙，还杂着壳，我吃一碗就吃不下了。以后吃了很久才习惯。

生活是这样：一早起床。除了每天三顿饭的时间和晚饭后2小时左右的自由活动，其余都是工作、学习（我到的时候及以后，学习的空气很高）。他们似乎很忙，各人的事好像总做不完。我住在窑洞里，同事同学常常来看我，我也到他们窑洞里去。他们

延安鼓楼

窑里布置得简单，一张桌子，一个床铺，几本或几十本书和纸张笔墨之类。墙上挂些木刻或从报纸上剪下来的图照。此外就没什么了。大家穿着棉布军装，留了发，却不梳不理。①

在当时，要是能吃到面条，就算"打牙祭"了。据在鲁艺学习的钟灵回忆：

当时的伙食，平日顿顿是小米干饭，盐水煮土豆或白菜，一碗菜上面，也许能漂着一星半点儿油花。难得碰到吃一顿面条，因为是细粮，就称得上"打牙祭"了。……到了华君武同志的笔下，漫画化地再一夸张，《吃面条》就变成了游泳池里的高台跳水，一群勇士，手持特大缸子，再加勺子筷子，向装面条的木桶冲刺，有的飞起来脚不沾地，热汗与面条齐飞，缸子共眼睛一色，真是热闹得很！……从此以后，再碰到吃面条的日子，大家就文明礼让，规矩多了。②

---

① 冼星海：《新环境》，艾克恩编：《延安艺术家》，陕西人民教育出版社，1992年8月版，第320—321页。

② 钟灵：《从一副对联和一幅漫画谈起》，艾克恩编：《延安艺术家》，陕西人民教育出版社，1992年8月版，第575—576页。

担任鲁艺副院长的沙可夫总结鲁艺办学第一年的成绩时这样写道:

我们分发了两期约二百多个戏剧音乐美术文学的干部到前线部队里与后方各机关团体中去实习工作。……在创作方面,我们也有些收获。经过多次演出,比较成功的剧本,个人的或集体的创作数量总在三十个以上。例如:《大丹河》《流寇队长》《团圆》(以上三出话剧),《农村曲》《军民进行曲》(以上歌剧),《松花江》《松林恨》《夜袭》(以上改编的旧剧),《还我的孩子》《矿山》《一心堂》《油布》《八·一三的晚上》《今天》《两代》(以上独幕话剧),《希特勒之梦》《国际玩具店》《学不够》(以上活报剧本),等等,都是为延安以及边区广大观众所热烈欢迎的。音乐作品油印出版的已有七八种之多。其中有民歌小调,有救亡新歌,也有外国革命歌曲介绍。……至于美术方面,我们曾举行了好几次美术作品展览会,出版木刻壁报与纪念鲁艺木刻集。

在一年中我们组织了百次以上的公演晚会,在一二万个学生与党政军干部中多少起了宣传教育的作用。同时我们两次发动全体教职学员下乡工作。①

由于岁月的变迁,鲁艺初办时位于延安城北关的校址已经没有了原来的面貌。今天所保留下来的鲁艺校址是在延安东郊的桥儿沟。

鲁艺历届负责人,左起:吴玉章、沙可夫、赵毅敏、周扬

---

① 沙可夫:《鲁迅艺术学院的创立》,艾克恩编:《延安艺术家》,陕西人民教育出版社,1992年8月版,第11页。

艺术家的摇篮

1938年夏，鲁艺全体师生在延安北关校址的合影

1939年7月底，鲁艺从延安北关迁至桥儿沟教堂办学。① 桥儿沟有个天主教堂，还有十几孔石窑洞，中央党校当时在这里办学。因为这里办学条件较好，天主教堂里边还可以作排演的舞台，就把这个地方让给鲁艺了。从这一点也可以看出，延安时期中央对鲁艺的办学是非常重视的。

---

① 文化部党史资料征集工作委员会、《延安鲁艺回忆录》编委会编：《延安鲁艺回忆录》，光明日报出版社，1992年8月版，第77页。

91

延安 1938

> 我们在延安，一是要研究马克思主义的普遍原理；二是要研究中国的昨天和前天，研究世界的昨天和前天；三是要研究中国和世界的今天，而最主要的就是研究当前这场伟大的抗战运动。

理论家的殿堂

马列学院是 1938 年中共中央在延安成立的一所专门研究马列主义理论的学校，也是延安学习马列主义理论的最高学府。

为了提高全党的理论水平，在全党范围内开展一场马克思主义教育运动，1938 年 5 月 5 日（马克思诞辰 120 周年纪念日），中国共产党在延安成立了马克思列宁主义学院（简称"马列学院"）。院址设在延安北郊蓝家坪。院长由中共中央宣传部部长张闻天兼任，副院长为王学文。

马列学院学员白云峰回忆：

学院院址位于延河西岸的延安北郊蓝家坪，面对延河，背靠上山，院内有两条大沟，山前仅有一小块平地，

延安马列学院校址

就在这块平地上盖了一些平房,土木结构,顶部是用泥巴糊的,院部、饭堂等就设在平房。除了平房外,其余全是土窑洞,一层一层顺着山势排列,学员大部分住在窑洞里。礼

张闻天　　　　王学文

堂是一座大草房,可以容纳几百人开会听课用,礼堂内没有桌凳,每人各有一个小坐凳。①

马列学院第一期学员郑文回忆:

开学之初,院长张闻天同志会见了大家。他穿着一身灰粗布军装,扎着绑腿,戴着一副深度的近视镜,对大家非常亲切。开学典礼上,他讲到党中央早就想办这样一个学院,来培养理论干部,当前抗日战争开始了,全党更应学习理论,以适应形势的需要。他并介绍了授课的教员:艾思奇、陈昌浩、王学文、吴亮平等同志。他还说,重要的课程还要请毛泽东、周恩来、朱德、陈云等负责同志亲自讲授。教学原则是理论结合实际,反对教条主义的教学方法,因为教条主义对我们的危害实在太大了。②

马列学院的领导体制是党政合一的,在院长领导下由党的总支委员会主持日常工作。整个机构不过十几个人。

马列学院创办伊始,学员有三四百人,最多时设立了6个班和相应的一些研究室。学员主要由两部分构成:一是参加革命多年或在国统区做过

---

① 白云峰:《从北平到延安》,中国人民政治协商会议西安市委员会文史资料委员会编:《忆延安》(西安文史资料第17辑),陕西人民出版社,1991年6月版,第417页。
② 郑文:《回忆延安马列学院的学习片段》,吴介民编:《延安马列学院回忆录》,中国社会科学出版社,1991年4月版,第111页。

在延安学习的西北根据地部分干部在延河边合影

地下工作者的老干部;二是青年知识分子。曾与丁玲一起在马列学院插班学习的陈明回忆:我所在的二班和三班的学员,有身经百战的红军将领徐海东、阎红彦,有在土地革命中从事苏维埃运动并积累了丰富实际经验的谭余保等同志。就是从大城市来的知识分子学员,也大多在国统区以各种社会职业为掩护从事革命工作,有一定的斗争经历,也有相当丰富的斗争经验。大家都很珍惜学习机会,学习都很努力、认真。①

学员入学一般要经过考试,不少学员入学前大都经过了抗大、陕公、党校的初步训练,具有较高的文化水平和理论学习条件,有的则是从国统区来的。因此,会根据不同的情况确定不同的入学考试内容。1938年冬入学的朱凤熙②这样描述自己参加入学考试的情景:

---

① 陈明:《回忆与怀念》,吴介民编:《延安马列学院回忆录》,中国社会科学出版社,1991年4月版,第313页。
② 朱凤熙,1938年来延安前担任中共武汉地下党区委委员。

坐定后,一位和蔼的长者(以后方知是副院长王学文同志)手拿考卷,微笑而亲切地走进窑洞,交给我们。

我打开考卷一看,呵!赫然五道试题:

论商品的二重性。

说明国民党的阶级基础。

论民主集中制。

为什么支部是党的基本堡垒。

说明帝国主义的五大特征。

归纳起来,属于政治经济学两道,党建两道,中国近代革命运动史一道。……

第二天是口试,主持人是中组部秘书长邓洁同志,他长期负责上海地下党工作,询问颇详。

事后,即通知通过了入学考试。[①]

马列学院的课程主要有哲学、政治经济学、联共党史、中国革命问题、近代世界革命史、党的建设等。

学校专职教员的配备在当时的延安可称得上是一流。讲授政治经济学的是副院长王学文,他是一位对马克思主义经济学有很深造诣的学者;讲授哲学的是著名哲学家艾思奇,他来延安之前,所著的《大众哲学》一书已经在进步青年中广为流传;讲授马列主义基本问题的是吴亮平,他在苏联经过正规的理论学习,后来在中央苏区担任过国民经济部部长,第一个翻译恩格斯《反

杨松

陈昌浩

[①] 朱凤熙:《从延安马列学院一份入学考试题说起》,吴介民编:《延安马列学院回忆录》,中国社会科学出版社,1991年4月版,第126页。

杜林论》并受到毛泽东的赞扬；讲授中国现代革命运动史的杨松和讲授西洋革命史的陈昌浩也都去苏联学习过，陈昌浩不但俄文很好，而且是红军中的著名领导人，担任过红四方面军的政治部主任。①

院长张闻天既是一位政治家、革命家，也是大学问家。陈明回忆，张闻天在全院传达六届六中全会上毛泽东的政治报告时，既不带讲稿，也没有笔记本，操着南方口音的北方话，娓娓道来，亲切生动。接连几个半天的时间才传达完，对照后来在《解放》上发表的报告全文，他的传达竟完全一样。他的准确的记忆力使我们惊奇，但我从这里更发现，他的思维逻辑、政治思想和党中央是如此的一致。②

吴亮平讲授联共党史课的时候，完全不看讲稿，而是口若悬河地向大家宣讲。有时讲到某一个问题需要参考哪本经典著作时，

吴亮平

艾思奇

他竟能一连串背出来某问题在某书某页上。兴之所至，还常常抬腿坐在当讲台的长方桌上。听讲的同学坐累了，也便站起来听讲。有时还吸引着院部的工作人员和其他班的同学一起听。③而担任哲学教师的艾思奇则习惯于聚精会神地凝神思考，与他同事并同住一孔窑洞的宋振庭回忆：

---

① 邓力群：《我对延安马列学院的回忆与看法》，吴介民编：《延安马列学院回忆录》，中国社会科学出版社，1991年4月版，第7页。

② 陈明：《回忆与怀念》，吴介民编：《延安马列学院回忆录》，中国社会科学出版社，1991年4月版，第313页。

③ 刘晓：《最美好的时光》，吴介民编：《延安马列学院回忆录》，中国社会科学出版社，1991年4月版，第254页。

我记得有一次,轮到我就"唯物主义的本质"这样一个问题发言时,我引证恩格斯在《反杜林论》中的一句话"唯物主义就是按照事物的本来面目不做任何附加的理解",并翻开他译的《新哲学大纲》中这一页,他抓住这句话反复解释它的重要性,几次重复这句引文。等到晚上,月出东山之际,我送他到后山窑洞的路上,他又提起这句话说:"就是这样!就是这样!"我才吃惊地发现原来他差不多整整一下午脑子里全在想着这句话,难怪别人传说他常常为想问题达到废寝忘食![1]

为了让一部分学员有深造的机会,从第一班第二期开始,学院抽调骨干教员和部分理论基础较好的学员组建了几个研究室。如杨松负责指导中国问题研究室,王学文负责指导政治经济学研究室,艾思奇负责指导哲学研究室,吴亮平负责指导马列主义基本问题研究室,范文澜负责指导中国史研究室,李维汉兼任中国问题研究室主任。还有柯柏年、何锡麟、王实味等人组成的编译室。参加研究室的同志除从事研究工作外,还兼讲课。

为加强马列理论的译介工作,1938年5月,马列学院成立时附设一个翻译室,成员有柯柏年、李景林、何锡麟、朱仲芷等。院长张闻天直接过问翻译室的工作。他不仅亲自动手校正译稿,而且关心每一个同志的生活琐事。当时延安的生活条件很艰苦,谁的眼镜坏了,谁买不到鸡蛋,这类小事有时也直接要求院长帮助解决,张闻天总是不厌其烦地尽力使大家得到满意的结果。[2]

毛泽东在党的六届六中全会上曾经强调指出:如果我们党有一百个至二百个系统地而不是零碎地、实际地而不是空洞地学会了马克思列宁主义的同志,就会大大地提高我们党的战斗力量,并加强我们战胜日本帝国主义的工作。毛泽东、周恩来、刘少奇、陈云、邓发等党政军领导人还以身作则,经常抽出时间到马列学院做报告或讲课。

---

[1] 宋振庭:《我的好老师》,吴介民编:《延安马列学院回忆录》,中国社会科学出版社,1991年4月版,第300页。
[2] 叶蠖生:《我所了解的中国历史研究室》,温济泽等编:《延安中央研究院回忆录》,湖南人民出版社,1984年7月版,第69页。

延安1938

1938年秋，中国共产党扩大的六届六中全会主席团合影。左起：毛泽东、彭德怀、王稼祥、张闻天、朱德、博古、王明、康生、项英、刘少奇、陈云、周恩来

据曾在马列学院教育科工作的邓力群回忆，毛泽东在延安抗日战争研究会发表《论持久战》演讲时，正是马列学院开学不久，张闻天就指定学员每组派人和院部的同志一起去听讲，后来还亲自约请毛泽东到学院做报告。此后，毛泽东还在马列学院的露天小场院，为大家做了《战争和战略问题》的报告。讲座中，毛泽东问大家是不是想上前线，大家回答当然是想上前线。那时大家的学习目的很明确，学完之后就投入到抗战洪流中去。①

马列学院的教学方针是理论联系实际，学习方法是以自学为主，讲课辅导为辅，重视学员之间的研讨交流。1938年底入学的李奇回忆起他们小组讨论会的情况：

我们每周上课不过三五次，其余时间除阅读指定著作外，还有小组讨论会。学院要求个人要作读书笔记，准备讨论会的发言提纲和疑难问题，大家讨论互相帮助提高认识，再有不懂的问题，就提给教员解答。当时教员和学校领导，要求我们读原著，要一字一句地读，必须读懂，不要贪多

---

① 邓力群：《我对延安马列学院的回忆与看法》，吴介民编：《延安马列学院回忆录》，中国社会科学出版社，1991年4月版，第18页。

求快和死记硬背。①

在马列学院三班学习的何英认为,在学院学习时印象最深的是毛泽东讲的三条。毛泽东曾这样说:

我们在延安,一是要研究马克思主义的普遍原理;二是要研究中国的昨天和前天,研究世界的昨天和前天;三是要研究中国和世界的今天,而最主要的就是研究当前这场伟大的抗战运动,研究它的现状,它的规律和特点。②

马列学院专门设立了图书馆。图书来源主要是延安解放社出版的马列著作,这些著作由中央直接拨给,每种有百十册(因为要发到班上借给同学看,所以册数很多)。其次就是通过延安光华书店购买。光华书店和全国各地的许多书店都有业务联系,因此能够买到国民党统治区出版的书籍。此外,中共驻汉口、重庆、桂林、西安的一些办事处,也给买回来一些书籍。有些在马列学院学习或工作的同志,把从大后方带来的图书捐赠给了图书馆。如历史学家范文澜先生从大后方到延安时,费尽艰辛带来一大批线装书,装在一个个高约50厘米、宽约60厘米的朱红色的精致书箱里,差不多占了一孔窑洞。这些书都是珍贵的文史古籍,也有一部分是宋、元、明、清历代的短篇话本、笔记小说。毛泽东曾多次派人借阅了这些书籍。据裴桐回忆,有一次李德要回国,他曾奉命从李德那里取回了一批外文书。这样,图书馆的藏书就逐渐充实起来了。到1941年,全馆的藏书已有五六千种,2万余册。图书目录的卡片装

范文澜

---

① 李奇:《我在延安马列学院所学到的》,吴介民编:《延安马列学院回忆录》,中国社会科学出版社,1991年4月版,第229—230页。
② 何英:《忆马列学院谈延安精神》,吴介民编:《延安马列学院回忆录》,中国社会科学出版社,1991年4月版,第277页。

延安1938

了四五个盒子。① 这在当时的延安，算是规模较大的一座图书馆了。

1938年由抗大选送并考入马列学院的郑星燕这样回忆在马列学院学习时留下的美好印象：

> 报到当天吃午饭时，不知道厨房和饭堂在哪里。素不相识的老学员，主动热情地领我们到厨房打菜吃饭。……在住进山上窑洞之后，不论是同窑、同组或上一班的同学，都给我留下同志式的关怀和友爱的好感。有的同志病了，同志们热情地安排病号饭，亲自端上窑洞里来。秋天打柴烧炭，我和一些身体较弱的同志被通知不要上山。天冷了，女同志主动帮助男同志洗缝被子。一些同志，常主动把衣服给缺衣服的同志穿……
>
> 进入马列学院后，那种生动活泼、勤奋钻研的学习生活，深深地留在我的记忆中。当时大家学习马列理论的热情是那么高，那么自觉，不要督促检查，经常在窑洞外的高原的温暖太阳底下看书学习，往往忘记休息。大家对在国统区不易看到的禁书——马列经典著作，一卷卷地选读、精读，不断深入思考、交谈。有的结合写笔记、写心得。在讨论会上，同志们都大胆发言，各抒己见。有的联系自己的实践，进行争论。民主探讨气氛活跃，有的争论虽然激烈，但都能摆事实，讲道理，平等争论，没有盛气凌人或以大帽子压人打击整人的专横作风。②

马列学院从1938年5月开办至1941年7月改组③止，共招收过5个班（即五届），第一班80多人，第二、三、四班各100多人，第五班不到100人，再加上为准备参加党的七大代表专门开的两个班100多人，这样前后学习过的学员总共有八九百人之多。

1943年春，陕甘宁边区开始第三次精兵简政，根据中央书记处会议决定，5月4日，改组后的马列学院合并到中央党校，编为中央党校第三部。

---

① 裴桐：《回忆马列学院图书馆》，吴介民编：《延安马列学院回忆录》，中国社会科学出版社，1991年4月版，第215页。

② 郑星燕：《回忆延安马列学院的峥嵘岁月》，吴介民编：《延安马列学院回忆录》，中国社会科学出版社，1991年4月版，第106页。

③ 1941年7月，根据毛泽东《改造我们的学习》报告的精神，马列学院改组为"马列研究院"（9月8日又改名为"中央研究院"）。院长仍由张闻天兼任，副院长范文澜。

> 长期抗战过程中,多少为国家民族求生存的好儿女在前线上牺牲了,流血了,或者残废了!为了报答他们这种英勇的精神,八路军在云阳和曲子、蟠龙等地都设有教导院的组织,它的性质就是残废军人的休养所和学校。

荣誉军人教导院

1935年10月19日,中央红军长征到达西北革命根据地吴起镇。为了收容在战争中负伤或致残的红军,中央卫生部先后在蟠龙、青化砭、云崖、安河镇及甘肃曲子县等地成立了5个"红军荣誉军人残废医院"。1935年12月,泾阳县安吴堡军人残废医院成立,又称"第五残废医院"。

1937年全面抗战爆发后,前方新增的伤病员大量转移到延安。如何医治和管理这些为革命流过血、做过贡献的大批抗战志士,成了一件十分重要而紧迫的工作。中共中央决定把原来由政府管理的残废军人管理工作划归军委领导。

毛泽东专门嘱咐时任八路军(延安、延川)河防司令员的何长工等人尽快拿出筹建"荣誉军人教导院"的

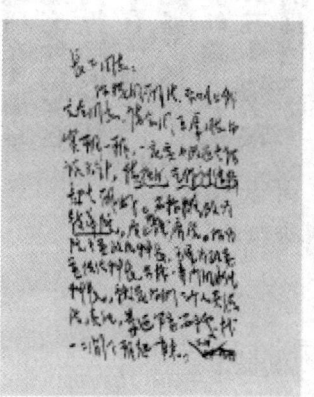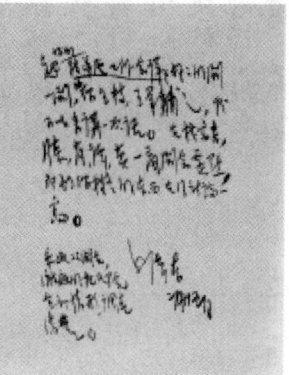

毛泽东写给何长工的信

方案来，并批示要求把教导院的工作办好。

1938年2月25日，毛泽东在致何长工的信中表示：要把办好荣誉军人学校的事"积极地当作训练干部去办好。名称拟改为教导院，废止称残废院"。毛泽东在信中写道：

长工同志：

你提的办法，原则上我完全同意，请会同王群同志切实办一办，一定要力改过去错误方针，积极地当作训练干部去办好。名称拟改为教导院，废止称残废院。你为院长兼政治科长，王群为政委兼供给科长，另找一专门的卫生科长，就是你们三个人负总院责任，靠近军委留守处找一二间房子办起事来。不日起始的教导院工作会议好好地开一开，由你主持，王群辅之，我可以来讲一次话。先找富春，滕，萧，谭，莫①一商开会要点，即将你拟的东西先行讨论一番。②

1938年12月10日，《新中华报》第4版报道《云阳教导院近况》

在信中，毛泽东特地在

---

① 富春，即李富春，时任中共中央组织部副部长；滕，指滕代远，时任中央军委参谋长；萧，指萧劲光，时任八路军后方留守处主任；谭，指谭政，时任中央军委总政治部副主任；莫，指莫文骅，时任八路军后方留守处政治部主任。

② 中共中央文献研究室编：《毛泽东书信选集》，中央文献出版社，2003年11月版，第112页。

"积极地当作训练干部"和"教导院"下画了点，就是强调要把这些为革命立过功、负过伤的部队伤病员，作为未来开辟新领域工作的干部来培养，决不能简单地看作是一种生活照顾，只是照顾他们的伤病或仅仅是疗养而已。所谓"教导院"，题中之义，就是通过学习、教育、培养，不断提高他们各方面的知识和能力，从而增强才干，掌握新的本领。显然，这也纳入了毛泽东当时一再提到的"大学校"的框架中，只是这所学校有些特殊：其学员是来自于战场上负伤的伤病员、残疾军人。

1938年2月底，在抗日军政大学旁边的一所房子里，召开了教导总院工作会议。八路军总部、卫生部、供给部的领导同志和李富春、滕代远等60多人参加了会议。会议决定抽调河防司令何长工来延安任总院院长，王群任政委。毛泽东到会并讲话。

1938年12月10日《新华日报》第4版以《云阳教导院近况》为标题，报道了荣誉军人教导院的性质及艰苦耐劳的优良作风：

长期抗战过程中，多少为国家民族求生存的好儿女在前线上牺牲了，流血了，或者残废了！为了报答他们这种英勇的精神，八路军在云阳和曲子、蟠龙等地都设有教导院的组织，它的性质就是残废军人的休养所和学校。几个教导院当中，以云阳教导院为最好。院中的管理及残废将士的生活均可作为其他教导院的模范。首先在组织方面讲，虽然是休养的所在，而军事的作风还充分地存在，院的最高行政机关是院部，底下有七个分所，除院长院委之外，还有分所长与政指（笔者按：即政治指导员）。全体休养员六百五十四名按军队组织编为连、排、班，连、排、班长均由民主选出。经常地学习，上政治课，以统一战线问题为材料，课外分组讨论，由组长做结论，不能解决的问题，请院首长来解答；对文化水平较低的休养员，特别注重于识字课，有初进院不识字的人，不久也可写写稿和看报了。

在文化娱乐和日常生活方面，不要看他们是残废了的人，但他们总是活泼愉快的。院部设有总俱乐部，管所有分俱乐部领导的工作，俱乐部里每星期出一次墙报，全体都参加写作。每天早晨要上早操做轻微的运动，

何长工（右）与王群的合影

呼吸新鲜空气，晚饭后有乒乓球之类的游戏，激烈的运动对他们是不适宜的。此外卫生委员领导院内的卫生工作，伙食委员来管吃饭问题。对于他们，按理说应该特别优待的，可是限于经费，每人每天还只是五分钱菜金。在这种情形下，他们自己种菜、养猪、拾柴以贴补菜钱的不足，处处表现了抗日军人艰苦耐劳的作风，虽然他们现在是残废的人。

1938年年底，何长工调任抗大庆阳分校校长，院长暂由王群兼任。荣誉军人教导总院划归军委卫生部管理。

这年冬，毛泽东在杨家岭主持召开会议，决定把荣誉军人教导院改为荣誉军人学校（简称"荣校"），陕甘宁边区成立总校，各根据地成立荣军分校。这些残疾的同志政治条件好、觉悟高，就是文化知识水平太低，只要加紧教育，待他们文化水平提高了，还能为党、为人民做更多的工作。在生活待遇和物质发放方面，规定每天由原来的5分钱菜金，提为7分

荣校学员在上课

钱（中灶待遇）。发衣服时先前方，后伤病员，再到荣军同志，最后是后方工作人员。会议任命王群为荣誉军人总校校长兼政委。

1939年春，荣校校址迁至关中地区陕北公学驻地看花宫。陕公校长成仿吾帮助荣校配备了教员及教务处全部职员。1939年5月1日，荣校正式成立并开始上课。

由于荣校学员的特殊性，荣校的工作也具有两重性，既要做好政治思想工作，使他们能够从悲观失望或以功臣自居的错误思想中转变过来，重新树立起生活的信心，又要上好文化课，由休养转为积极学习，直至走上新的工作岗位。为此，荣校制定了切实可行的工作方针：

一、使荣誉军人自战场下来以后能得到适当的休养；

二、使轻伤者能于休养恢复体力后重上战场；

三、对于能学的技艺者，经一定的教育培养后出校可担任后方的适于身体的工作，继续为国家服务；

四、重伤、不治之症及老弱者，因其过去为国致力虽不能再继续服务，也应由公家供给、养老送终。

下寺湾荣誉军人学校旧址

荣校开办以来，取得了可喜的成绩。除少数生活不能自理的同志，绝大多数经过几年学习，都从荣校重新走上了新的工作岗位。

1939年，国民党顽固派掀起了第一次反共高潮。为了确保荣校学员的安全，1940年年初，中央军委决定把荣校由关中地区迁往延安甘泉县下寺湾。从关中到下寺湾有近千里路，其中还有一段是国民党统治的白区，地形也很复杂，要翻越不少的高山、深沟。有的地方人烟稀少，要找宿营地都很困难，而残疾同志的行动更是困难。为此地方党和政府动员群众用牲口和大板车，一个乡一个乡地接力运送了一个多月，于当年五一前顺利迁驻下寺湾。

荣校校长兼政委王群后来愉快地回忆道：

那时边区生活虽然苦些，但大家心情很愉快。只知拼命干工作，今天的事决不拖到明天去办，干部私心杂念很少，大家穷得很开心。那时的人，党叫干啥就干啥，没有或很少有跟组织讲价钱和不服从分配的事情发生。[①]

[①] 张益龙编：《王群回忆录——革命生涯六十春秋》，广州出版社，2011年11月版，第55页。

> 我在天上喊口号,
>
> 吓得鬼子蒙耳朵。
>
> 我在天上撒泡尿,
>
> 淹死鬼子几百个!
>
> ——延安保育院儿歌

娃娃们的保育院

随着以延安为中心的陕甘宁边区政治、经济、文化、教育、社会等各项建设事业的不断推进,学龄前儿童的教育也就提上了边区政府的议事日程。

1938年5月5日,边区政府民政厅发布了《陕甘宁边区机关托儿所章程》。《章程》指出:边区机关托儿所"以保护边区各机关、学校脱离生产或尚在学习的女干部的男、女小孩为宗旨",并对托儿所组织及人员的任命、职权、保育员、医生、入托对象、入托手续、经费等事项,做了详细规定。

两个月前,即同年3月,在武汉成立了中国战时儿童保育总会。7月4日,由宋庆龄、蔡畅、邓颖超、康克清发起,在延安成立了"中国战时儿童保育会陕甘宁边区分会"。7月5日,边区保育分会举行第一次理事会,选出11人作为常务理事,推选杨芝芳为会长。会议明确指出,边区战时儿童保育会,受中共中央妇女委员会领导,并决定以延安市托儿所(原由民政

中国战时儿童保育会陕甘宁边区分会第一保育院

厅管理）为基础，立即着手筹建保育院，直属保育会。

延安市托儿所改称"儿童保育院"后，保育院分为两班：（一）婴儿班，收容原来托儿所内三岁以下六个月以上的婴孩，原有十二名，扩充到二十名。（二）幼稚班，收容三岁到六岁的孩童，初步计划名额三十名。[①]

1938年10月2日，延安举行了"中国战时儿童保育会陕甘宁边区分会第一保育院"成立大会。丑子冈任代理院长，院址设在延安南门外柳林子。保育院开学典礼场面极为热烈，前来出席典礼的来宾有数百人。毛泽东为边区儿童保育院成立题词"儿童万岁"。保育院连续开放了三天，每天参观者有百余人。[②]

此前几天，延安《新中华报》还报道了边区儿童保育院的筹备情况，并刊发了陕甘宁边区战时儿童保育院成立特刊，其中《边区战时儿童保育

[①]《托儿所改称儿童保育院》，《新中华报》1938年8月10日，第3版。
[②]《陕甘宁边区战时儿童保育院成立》，《新中华报》1938年10月5日，第2版。

第一院概况》一文，非常详细地介绍了保育院成立及运行的情况：

一、创立经过

……最可为全国儿童庆幸的，是国民政府在武汉创办战时儿童保育会，收容敌区流离失所无家可归的儿童，指示边区成立保育分会，领导保育院迅速成立。边区保育会于七月四日正式成立，决定把托儿所改为保育院，更加扩大起来。这就是保育院的前身和产生。

二、经费概况

（一）政府方面：自九月份起由边区政府发给经常费一百元，开办费二百元。

（二）募捐方面：由各机关热心儿童工作的同志及毛泽东同志、朱总司令、项英副军长等捐助了七百余元。

（三）私人方面：每个儿童入院，每月有私人津贴，幼稚生每月三元，婴儿每月五元。

此次开办除接收过托儿所建筑及购置各物等估计约一千余元外，建筑添置用去八百多元，一切设备，为经济所限只能这样简单和粗陋。

三、院址

托儿所决定改组为保育院后计划先容纳五十名儿童，旧地（延安城南七里铺）本来狭小，可是依山面水，空气清新，人家少，既适合儿童卫生，又传染不到不良习惯，便决心把旧地稍加修理添置，计建幼稚生教室、厕所及修理办公室等房屋数间。

四、组织

保育院自正副院长以下设总务部（一人）、医务部（一人）、生活指导员（一人）、幼稚教师（四人）、保育教师（十人）。

五、儿童的生活

（一）衣：除婴儿之被褥尿布外，一切完全自备。但有特殊情形者（如父母在前线或不在此地，以及为革命而牺牲者）公家可以代募和添置。

（二）食：幼稚生因年龄较大，每日三餐，加点心一次。婴儿科每日

四次，六个月至八个月完全乳粉，八个月至一岁，逐月增加流动性的食物，减少乳粉，至十二个月断清乳粉。较大之孩子在每餐之后必喝开水一次。

（三）住：按理，每个儿童，该有一只木床。但因限于经济，除婴儿科全有木床外，幼稚生只有两只木床，余下都住炕上。

六、儿童的卫生

（一）洗澡：现在因天气渐冷，每星期减为两次，洗澡时换衣一次。

（二）消毒：所有衣物，每星期用蒸汽法消毒一次，以免互相传染，被褥每星期晒一次。

（三）日光浴：每天早餐后，九至十时晒太阳一小时。

（四）诊察：每日早晚试体温一次，各保育员在下午二时内必须考察每个儿童的大小便次数、多少和厚薄。

（五）水：每天喝四次开水。

七、儿童的教育

按儿童的年龄及发育情形，给以适当之教育（如婴儿之学习说话，坐卧走立等），幼稚生的教育，除在日常行动中订正其不良习惯外，另有游戏歌唱等。

八、工作概况

（一）院长：负推动全院工作人员之责。

（二）保育员：分为三班，每班一人，分上午、下午、夜工作，每人八小时，白日班负责管理吃饭洗换教育等，夜班专门照料孩子撒尿盖被等工作。

（三）总务：管理全院杂务。

（四）医务：每日诊察各个儿童体温、脉搏，儿童如有失常现象，即刻医治。并负训练保育员医学常识之责。

（五）幼稚教师：负全体幼稚生全责，每日一人早班，一人晚班，轮流担负。

陕甘宁边区保育分会战时儿童保育院公启

保育院儿童合影

在当时，由于经济的困难和物质条件的限制，边区一开始还不能举办大规模的保育院来收容成千上万在战区亟待救济的受难儿童。边区有着千百万个抗战的将士在前方，有着无数努力救国工作的男女同志。为鼓励抗战将士上前线，为着解放一部分女同志有儿童的负担，只能成立一个这样小小的保育院，收容着抗日军人家属及工作干部的子女，一共五十个六岁以下的婴孩。而横在当时举办者面前的，除了经济的困难外，医务人才和专门保育工作人员也十分缺乏。按照陕甘宁边区战时儿童保育分会的设想，如果条件成熟，未来还将成立一个收容五百名儿童的更大的保育院。①

据曾在延安成长的"延安娃"钱泓回忆，他的母亲史平曾担任延安保育院保教科长，中华人民共和国成立后，母亲和他的父亲钱江教给他一首当时保育院唱的儿歌，内容如下：

---

① 《战时儿童保育院第一院成立了》，《新中华报》1938年9月25日，第4版。

昨天晚上做个梦，
梦见我在天上飞。
飞呀飞，
一飞飞到大前线。
大前线鬼子多，
到处杀人又放火。
我在天上喊口号，
吓得鬼子蒙耳朵。
我在天上撒泡尿，
淹死鬼子几百个！①

延安《新中华报》还刊发了边区妇联对战时儿童保育院的介绍：

战时儿童保育院，好像一个巨大的兵工厂，造成无数锋利的枪炮，杀日本鬼子。

战时儿童保育院，像是烧砖的窑，烧成一颗颗坚实的砖，好建筑，新中国，那座独立自由幸福的房子。

战时儿童保育院，要收容大批的儿童，失散了爹妈的孤儿，英勇将士们的子女；还要去抢救，在敌人血口下，残喘哭泣的孩子。

战时儿童保育院，正向战争的祖国，高呼："战士们，你们安心作战吧！你们的子女，我们来保育。母亲们，你们安心工作吧！孩子的哭声再不打扰你们工作的心思。亲爱的祖国，不要担心你们的后代吧！你们的希望与未来，有我们保护，有我们教育。"

战时儿童保育院，郑重地向祖国宣誓："我们要用我们的生命保护，用我们的鲜血教育中国的后代，长成新中国刚健的战士。"

边区妇女联合会
九月二十五日②

---

① 延安鲁艺旧址负责人刘妮2009年9月8日对钱泓的访谈记录。
②《战时儿童保育院》，《新中华报》1938年9月25日，第4版。

1938年初以来,边区河防沿线常会遭到日军的炮弹轰炸。为了防备日军空袭,保证孩子们的安全,1938年11月10日,保育院迁往延安以北40公里的安塞县小草峪村。延安《新中华报》对此专门做了报道,希望大家不要挂念:

保育院第一任院长李之光与孩子们

许多人关怀着,特别是做父母的挂念着,养育在保育院里的小宝宝。他们在搬家途中受到什么困难了没有呢?现在的生活好不好呢?

很幸运的,在敌机来延轰炸的前几天就离开了延安,但这一批活泼的小天使怎么能走几十公里路呢?首先延安市政府就帮助动员了四十名自卫军作担架队,每一副担架内睡四个幼儿或六个婴儿,每一副担架由一个保姆照管一切。延市南区政府并动员了五十头驴子来帮助搬运他们的一切东西,途中共宿了两夜,很安全地到了目的地,孩子们也都没有发生什么疾病。尤其是一位保姆郑兰英同志,她以不疲倦的精神帮助担架队一直继续到两天之久,实在是值得述及的。此外保育会主任杨芝芳及李景林同志对这次搬家都尽了莫大的力量。

现在住的地方还没有布置完毕,但孩子们生活还依旧如常,特意在这里报告给关心保育院的同志们。①

---

① 渠波:《搬家后的保育院小宝贝安全移入新舍》,《新中华报》1938年12月20日,第4版。

安塞保小礼堂

1938年年底,保育院扩大招收学生,并将边区中学的小学部迁往小草峪与保育院合并。从此,边区第一保育院分为幼稚部和小学部两大部分。保育院成立一周年时,累计接收来自东北、华北、华中、华南的儿童达300多名。[1]

---

[1] 齐礼编:《陕甘宁边区实录》,延安解放社,1939年12月版,第29页。

> 八月间,延安鲁艺寄来了聘书,聘他为鲁艺音乐系主任,他高兴得就像个孩子一样,眼泪流出来都不觉得。

冼星海来了

只要提到鲁艺,提到延安时期的音乐,大家总会想到著名音乐家冼星海。在某种意义上,以冼星海为代表的一批人民音乐家已经成为延安音乐的一种象征,一种符号。

冼星海来延安,是在鲁艺成立之后约半年的11月3日。而他能来延安,也是缘于鲁艺的盛情邀请。冼星海后来记述了来延安的过程:

冼星海(右)与华君武(左)、盛家伦在延安鲁艺留影

延安1938

延安这个名字,我是在"八一三"国共合作后才知道的。但当时并不留意。到武汉后,常见到"抗大""陕公"招生的广告,又见到延安来的青年。但那时,与其说我注意延安,倒不如说是注意他们的刻苦、朝气、热情。正当我要打听延安的时候,延安"鲁迅艺术学院"寄来一封信,音乐系全体师生签名聘我。我问了些相识,问了是否给我安心自由的创作环境,他们回答是有的。我问进了延安可否再出来,他们回答说是完全自由的。我正在考虑去与不去的时候,"鲁迅艺术学院"又来了两次电报,我就抱着试探的心,起程北行。我想如果不合意时再出来。那时正是1938年的冬天。①

事实上,鲁艺的盛情邀请只是促成冼星海下决心来延安的契机,更重要的原因或者背景,是恰在这个时候,冼星海也面临着重要的人生选择。曾与冼星海一起在武汉工作并加入由周恩来、郭沫若领导的进步文艺团体的钱远铎(也是冼星海妻子钱韵玲的哥哥),这样描述了当时冼星海的困惑:

到了七、八月,武汉外围战争日益激烈,国民党反动派对日寇的进攻是步步退让,但对内却控制日严,三厅的工作也不大好做了。一些团体解散了,学校撤退了,工厂停工了,等等。星海是越忙劲头越大的人。眼看到国土日益沦丧,而自己却被人捆着双手,不能做点有益于抗战的工作,非常苦闷。他想离开武汉到延安去,这想法,他对我讲过好多次。以后,他向田汉同志,向郭老,最后向周总理都表示过。八月间,延安鲁艺寄来了聘书,聘他为鲁艺音乐系主任,他高兴得就像个孩子一样,眼泪流出来都不觉得。②

受组织安排,当时也在鲁艺学习并同时协助冼星海工作、生活的梁寒光详细描述了冼星海夫妇初到延安的情况:

我是1938年3月8日国际妇女劳动节那天到达延安的。在招待所住

---

① 艾克恩编:《延安文艺运动纪盛》,文化艺术出版社,1987年1月版,第97页。
② 钱远铎:《怀念星海》,聂耳、冼星海学会编:《永生的海燕——聂耳、冼星海纪念文集》,人民音乐出版社,1987年12月版,第266页。

了三天之后，就分到延安陕北公学学习。学习紧张，心情愉快，每天天不亮就要集队爬山锻炼，有时候还有实弹射击。但因当时弹药很少，这种实弹射击是次数不多的。我从广东到陕

冼星海、钱韵玲夫妇

北时，带了一把小提琴去，我青少年时代在广东学会了拉小提琴和演奏多种民族拉弹乐器。陕北公学有俱乐部，每周俱乐部组织娱乐晚会，总是也有我参加音乐节目的。

陕北公学是培养抗战政治工作干部的，但由于我会音乐，所以三个月结业之后，我被分到延安鲁迅文学艺术学院。那时鲁艺在紧靠延安城的北门外。我5月间来到鲁艺音乐系，正值鲁艺开办后第一期的期中，过几个月才开第二期。所以我既是第一期中途的插班生，又是第二期的正式学生。

1938年11月初，冼星海同志来到延安。星海同志早已是音乐界的著名人士，他一来就在鲁艺音乐系当教师，后来任音乐系主任。星海同志和妻子钱韵玲同志一起来到延安，到鲁艺后就住在紧靠北门左手面山上的窑洞里。当时我被组织上指定照顾星海同志，使他习惯延安的生活，所以我每天除了学习和协助伙房工作之外，还总是要抽时间到他的住处去。星海同志身材相当高大壮实，他的肤色有点近似古铜色。他总是含着一个烟斗，这个烟斗已经很旧了，烟斗杆子也已断了，星海同志就用一根毛笔竹竿插在这烟斗头上继续用。延安没有纸烟只有旱烟叶，星海同志和大家一样，就抽这些捏碎的生烟叶，写下了一首首不朽之作。在和星海同志的接触中，我觉得他为人憨厚、中肯，他话不太多，但对人非常热情。记得他爱人养

了几只鸡，生下的蛋就煮熟给他吃。我在那里时，星海同志总是从抽屉里拿出两只熟鸡蛋来分给我吃一个。当时延安生活很艰苦，能吃到一个熟鸡蛋是很不容易的，星海同志毫不自私，他有什么吃的就分给别人吃。因为每天接触，他对我说过的话很多，因为年远时长，我记性差，很多都记不起了。但有一句话我还记得很清楚，他说："我到延安以后，无比的兴奋，虽然延安生活很艰苦，但是心情无比愉快。我到了这里以后，亲眼看到和体会到只有共产党才能救中国。"说出了他对党、对人民、对民族解放事业的激动的心情和必胜的信念。当鲁艺还在北门外的时候，星海同志就组织和主持了一个音乐高级班，这个班里有安波、焕之、李凌、鹰航、韵玲和我等大约十个同学吧。①

初到延安的冼星海夫妇先是住在西北旅社。鲁艺在当天晚上专门举行了热烈而隆重的欢迎晚会。一个月之后，冼星海还亲自为钱韵玲办理了在抗大学习的手续。没过多久，11月20日，日本飞机第一次轰炸延安。那一天，

冼星海指挥《黄河大合唱》

---

① 梁寒光：《我和星海老师在延安的时候》，聂耳、冼星海学会编：《永生的海燕——聂耳、冼星海纪念文集》，人民音乐出版社，1987年12月版，第321—322页。

冼星海刚走出房门要到防空壕去,炸弹就在头上丢下来了。他赶忙卧倒,炸弹在他面前炸开,旁边的房子全被炸倒了。于是他们就搬家到了北门外位于半山腰上的鲁迅艺术学院。①

刚到延安的冼星海给大家留下了深刻的印象。在鲁艺工作的李焕之回忆起他与冼星海第一次见面的情景:

我第一次见到星海同志是在延安,那是一九三八年十一月间的一个晚上。

在这之前,我虽然没有见过星海同志,但从他的无数的歌曲中却已认识了星海同志。那时我十分喜爱星海的歌曲,他的歌曲有着一种力量吸引

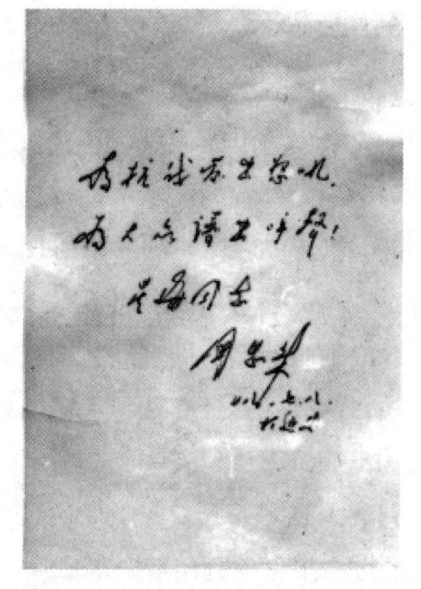

1939年7月8日,周恩来在延安听了《黄河大合唱》之后,题词:为抗战发出怒吼,为大众谱出呼声!

着我,如同聂耳的歌曲一样。这种力量不是什么技巧的炫惑,而是在那多么朴素、多么单纯的音调和节奏中,使我感受到一种深厚的爱祖国、爱人民的情绪在奔流着,这股热流曾经联结着多少青年人的心啊!

星海同志给我的第一个印象是他那汹涌的热情,这热情不仅表现在他的作品中,同样在对待他的学生,他的同事以及一切的同志时都是如此,尤其是表现在他鼓励别人创作的时候。星海同志从没有使任何人在创作上垂头丧气过,当他看过别人的作品后,也许他的批评是比较严格的,甚至是表示不满意的,但他并不是否定的态度,即使是缺点很多,他总要肯定它的好处,所以总能使人并不因失败而灰心,而是充满了更大的信心再接再厉地进行创作。他的这种热情鼓舞了在他教导下的每个同志,当时鲁艺音乐系的同学们都有着极高度的创作热情和勇气,创作了无数群众歌曲并

---

① 冼星海:《新环境》,艾克恩编:《延安艺术家》,陕西人民教育出版社,1992年8月版,第320页。

延安 1938

集体完成了两部大合唱……①

　　冼星海到鲁迅艺术学院不久,就十分重视创办合唱团的工作,当时由他建议且民主酝酿成立了鲁艺大合唱团。这个合唱团非常活跃,也很好地带动了当时延安的歌咏活动。后来他们多次演出《黄河大合唱》《生产大合唱》以及许多优秀的歌曲,收到了非常好的效果。

　　冼星海还热心地指导延安其他单位的音乐歌咏活动。1938年10月,西北战地服务团的周巍峙还请冼星海到西战团主讲了一次作曲和指挥。当年底,西战团就带着冼星海的新作《太行山上》《到敌人后方去》《祖国的孩子们》,从延安唱到晋察冀边区的每一个角落。很快,《太行山上》《到敌人后方去》就在敌后的广大农村中流行起来,到处可以听到"到敌人后方去把鬼子赶出境"的歌声。②

1940年5月,欢送冼星海赴苏联时的合影

---

　　① 李焕之：《热情·饱满·坚定——回忆星海同志》,聂耳、冼星海学会编：《永生的海燕——聂耳、冼星海纪念文集》,人民音乐出版社,1987年12月版,第268页。
　　② 周巍峙：《解放区人民热爱星海同志》,《人民音乐家冼星海》,新华书店发行,1949年8月版,第52页。

来延安后第二年，冼星海光荣地加入了中国共产党。1940年5月，冼星海赴苏联为延安电影团拍摄的《延安与八路军》电影进行音乐创作和后期制作。1945年10月30日因肺病不幸逝世于莫斯科医院，年仅41岁。

冼星海去世后，毛泽东亲笔题词："为人民的音乐家冼星海同志致哀。"冼星海作为人民音乐家的杰出代表，激励和鼓舞着一代又一代中国人民投身于中华民族伟大复兴的壮阔事业！①

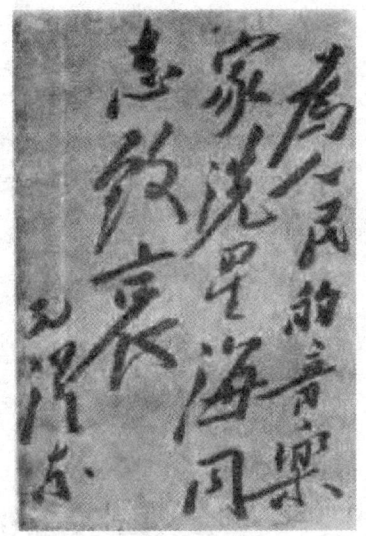

毛泽东题词

---

① 人民音乐家冼星海在短短十多年的创作生涯中，写下了数百首音乐作品。他的大合唱一共有4部，根据表现不同内容的需要选用了4种不同的体裁形式：表演性的《生产大合唱》，史诗性的《黄河大合唱》，群众歌曲形式的《牺盟大合唱》，叙事性的《九一八大合唱》。其中，《黄河大合唱》气势磅礴，音节雄壮而多变，使原有富于情感的词句，就像风暴中的浪涛一样，震撼人心，被公认为是抗战时期最优秀、最雄伟的大合唱。

延安1938

> 过了些日子,天气暖和了,医院发给白求恩大夫一套用自己生产的土布做的夏用军装,他高兴极了,马上穿起来。还特意让我找了两面大镜子,前后照着,左端详,右打量,笑得嘴都合不拢,并使劲地拍着衣服说:"我现在也是一个八路军战士了。"

白求恩:我是一名八路军战士

  1938年初春的一天,延安即将迎来一位名叫白求恩的医生。全城的人从大清早起,就一直举着旗、敲锣打鼓,在等候白大夫的到来。①

  出生于加拿大安大略省格雷文赫斯特镇的白求恩,祖父是加拿大著名的外科医生,受祖父影响,他从小就对医学表现出强烈兴趣。后来,他进入多伦多大学学医,1935年加入加拿大共产党,成为一名共产主义战士。1936年7月,西班牙内战爆发,白求恩即奔赴西班牙反法西斯战场,成为一名国际主义者。1937年中国抗日战争全面爆发时,白求恩正在北美各地做巡回演讲,为西班牙内战募集资金,他意识到中国比西班牙更需要他。而此时,白求恩读到了介绍中国共产党和工农红军的埃德加·斯诺写的《西行漫记》和史沫特莱的《中国红军在前进》,更加萌发了去中国的念头。②加拿大劳工进步党和美国共产党也决定派遣医疗组支持中国革命,于是,他率领由加拿大与美国医务工作者组成的医疗队,于1938年初来到中国,

---

  ① 琼·尤恩:《中国——我的第二故乡》,黄诚等译,陕西人民出版社,1992年8月版,第89页。
  ② 敏惠:《跟随"红星"去延安》,《北京日报》1979年12月25日。转引自刘力群:《纪念埃德加·斯诺》,新华出版社,1984年8月版,第460页。

3月底到达延安。

白求恩到达延安的第二天晚上,毛泽东就会见了他。当年随同白求恩一起来到延安的加拿大护士尤恩描述了当年会见时的情景:

1938年4月,毛泽东与白求恩大夫在延安观看苏联有声影片

毛主席微笑着向我们走来,一面说着:"欢迎,欢迎!"他向白求恩大夫伸出手来,白大夫也伸出手去,接受他的欢迎。他们两人无言地互相对视了一会儿,然后像兄弟似的拥抱在一起了。……说过了几句关于天气的应酬话以及我们在陕西一定吃了不少苦头之后,白大夫便把加拿大共产党的证书交给毛主席。这证书是印在一方白绸上,上面有党书记蒂姆·巴克的签字,还盖了党的印章。毛主席以一种近乎崇敬的态度郑重其事地接受下来,并且说,"我们将把你的组织关系转到中国共产党。你现在就不是外人,不要见外罗!"

话题照例转到了五台山,那里的八路军和游击队十分需要医疗照顾。白求恩大夫将成为那里的部队的大福星,但毛主席对我们会过得怎样则没有把握,因为那里的生活很艰苦。在谈话过程中,我们一杯接一杯地喝茶,一把又一把地吃花生和葵花子。这些都是这个贫瘠的地方通常招待客人吃的东西。花生既富于营养又很便宜。

不知不觉之间,黑夜已插翅远遁,4月2日来到了人间。在东方的山峦之巅,曙光泛起,黑暗渐渐消失无踪。远处,公鸡正打鸣报晓。①

在与毛泽东的交谈中,白求恩提出希望组织战地医疗队,直接到前线

---

① 琼·尤恩:《中国——我的第二故乡》,黄诚等译,陕西人民出版社,1992年8月版,第91—92页。

白求恩骑着聂荣臻司令员送的战马奔赴前线

附近抢救重伤员。毛泽东同意了他的要求。在来延安时,白求恩也带来了医疗队所需要的医疗器械。白求恩一边在延安参观考察,一边等待着医疗器械和药品从西安运来。在延安停留期间,白求恩还考察了陕甘宁边区医院,不仅逐个检查伤病员,还为医疗人员做手术示范,一刻也没有闲着。

1938年5月2日,白求恩从延安起程,前往晋察冀抗日根据地驻地。途中,白求恩来到八路军收治重伤员的驻地神木县贺家川村,自己动手,制作了一种可以用两头牲口驮运的轻便手术设备。当时与八路军总卫生部部长姜齐贤一起陪同白求恩的薛峰回忆:

第二天一早,他让我找个木匠来做木箱。我赶忙跑到街上找来木匠,白求恩给木匠比划了一阵子。木匠胆怯地说:"解不下,解不下(意思是不懂)。"我分析,不是做不了,只因为是个外国人让他做,他担心怕做不好。白求恩耐着性子把木匠打发走了后,给我说:"你去买一些木板和钉子,并借一把锯子和斧头来。"我心里很纳闷,他是个医生,莫非还会做木匠活儿?可不是嘛!他自己就带有小锯和小锤,只是做木箱用小了点。我就急忙去头来木板和钉子,借来了工具。

……不大工夫,六个大小适中的扁长形箱子在他手下做好了。装满东西,一个有五十来斤,一头牲口驮两个是没一点问题的。看着改好的箱子,白求恩的脸上露出了满意的微笑。①

---

① 薛峰:《护送白求恩同志到贺家川》,兰州军区后勤部党史资料征集办公室编:《延安白求恩国际和平医院》,解放军出版社,1986年12月版,第36—37页。

白求恩还创造出一种用木板制成的药篮子(当时称为"白求恩篮子"),下病房换药时用它非常方便。为适应战地流动环境,他因陋就简,自制外科手术器械,还设计了能折叠的手术台,野战使用非常方便。

行军路上,每到一个新的宿营地,白求恩总是热情地为老乡们治病。有的头上长个疱,有的眼睛有毛病等,白求恩总是主动地、不厌其烦地给他们解释明白后给予治疗。他随身带的胶布、纱布、红药水、片剂、膏药等,为老乡们身上用去不少。①

6月17日下午,白求恩到达晋察冀军区司令部驻地山西五台山金冈库村。军区司令员聂荣臻看到他旅途劳顿,劝白求恩先休息几天。他直率地说:我是来工作的,不是来休息的,你们要拿我当一挺机关枪使用。②聂荣臻请他担任晋察冀军区卫生

聂荣臻司令员在晋察冀军区司令部驻地会见白求恩大夫

顾问,以加强军区卫生工作,白求恩立刻答应了。第二天,白求恩便来到军区卫生部,随后就到了后方医院。一连几个星期,白求恩忙着给伤员们进行治疗,并且还制定了一个"五星期计划",工作重心是建立模范医院。

11月,正在雁北前线战斗的359旅战事连连,白求恩与时任晋察冀军区卫生部部长的叶青山来到旅后方卫生部所在地灵丘河浙村,积极救治伤员。叶青山后来追忆白求恩在这里给八路军伤病员输血的情景:

---

① 薛峰:《护送白求恩同志到贺家川》,兰州军区后勤部党史资料征集办公室编:《延安白求恩国际和平医院》,解放军出版社,1986年12月版,第41页。
② 聂荣臻:《"要拿我当一挺机关枪使用"——怀念白求恩同志》,《纪念白求恩》,人民出版社,1979年11月版,第12—13页。

延安1938

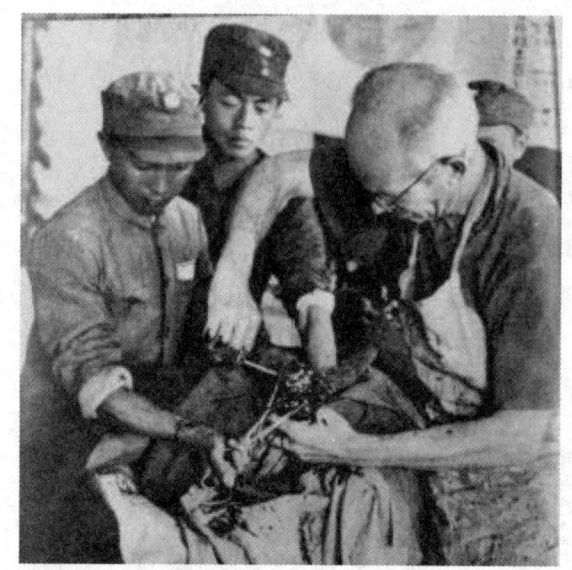

叶青山（左1）协助白求恩大夫给伤病员做手术

有一次，一个股骨骨折的伤员须做离断术。可是，这个伤员因流血过多，体温很高，精神萎靡，看样子难以经得住这种手术。为了抢救这个伤员的生命，白求恩同志决定给伤员输血。当时，血的来源比较困难。我要求输血，可是白求恩同志却对我说："你刚输过血不久，不能再输你的血了。我是O型，万能输血者，这次输我的。"我们考虑他的年纪太大了，而且身体又不太好，因此都不同意输他的血。这时，白求恩同志严肃地说："前方将士为了国家民族，可以流血牺牲，我在后方工作，拿出一点点血，有什么不应该的呢？以后，我们可以成立志愿输血队，把血型预先检查好。现在，不能再耽误时间了，抢救伤员要紧。来！快动手吧！"说罢，便伸出了他那青筋隆起的瘦弱的手臂。①

于是，白求恩身上的300毫升血液，缓缓地流到这位八路军战士的身上，也使这位战士获得了第二次生命。后来，根据白求恩的倡议，还成立了志愿输血队，白求恩也与其他医务工作者一样，报名参加。从此，志愿输血就在晋察冀边区逐渐推广，不少伤员因此从垂危的边缘被抢救过来。

白求恩并不把自己当作外国人，总喜欢人家叫他"八路"，也喜欢把战士叫作"我的孩子"。② 他专门向毛泽东写信，谢绝了每月发给他的100元津贴。曾给白求恩做警卫员的何自新回忆：

---

① 叶青山：《白求恩的战友们》，根据福建长汀等网站资料整理。
② 江一真：《生命像火一样燃烧——回忆伟大的国际主义者白求恩》，《人民日报》1979年11月12日，第3版。

过了些日子,天气暖和了,医院发给白求恩大夫一套用自己生产的土布做的夏用军装,他高兴极了,马上穿起来。还特意让我找了两面大镜子,前后照着,左端详,右打量,笑得嘴都合不拢,并使劲地拍着衣服说:"我现在也是一个八路军战士了。"他还用刚学会的中国话连连说道:"很好!很好!"白求恩大夫非常爱惜这套军装,平时舍不得穿,只是在开大会或见首长时才穿上,回来就脱下叠得整整齐齐的,用一块大红布包好放在箱子里。①

白求恩到达边区后,很快在五台山区创建了晋察冀军区模范医院,1938年9月15日举行医院开办典礼,边区领导同志前往参观。图为边区领导人与白求恩大夫合影留念

白求恩还先后给毛泽东写了数封信,报告所在医院的情形及救治伤员的具体情况,并就医务工作人员的训练、前线急需的医疗设备和药品进行了反映。在信中,白求恩由衷表示:我在此间不胜愉快,且深感我们应以英勇的中国同志们为其美丽之国家而与野蛮搏斗的伟大精神来解放亚洲。②

曾与白求恩一起工作,担任晋察冀军区医院护士长的白光耀回忆:

1938年11月28日晚,358旅给我们医院发来电报,说那里有不少危重伤员,请白求恩同志抽时间来一趟。由于这一天他做了十几例手术,领

---

① 何自新:《追随白求恩同志十八月》,转载自白求恩精神研究会网站。
② 《诺尔曼·白求恩纪念册》,国民革命军第十八集团军政治部、卫生部出版,1940年版,第295页。

导为了让他多休息,没有给他通知。到了晚上3点多,董翻译将情况告诉了他,让他第二天再动身。可是他决定马上启程,并带了我和另外几名护士。晚上天比较冷,还下着雪,行程有三四十公里,我们赶第二天中午才到达目的地。一到医院,连饭也没吃,他一口气就检查了30多名伤员,还给几位重伤员做了手术。有个叫高天本的伤员,左腿伤势过重,又没有及时上夹板和绷带,露出一节骨头,时间拖得又长,他看后十分难受,无奈之下只好咬着牙给做了截肢手术。他惋惜地说:"一名连长丢了一挺机关枪,是要受到批评的,但机关枪还可以从敌人手中夺,可一条腿失掉了,就再也夺不回来了。"他还给在场的医护人员说:"中国共产党交给八路军的不是什么精良武器,而是经过二万五千里长征锻炼的干部和战士。我们要百倍地爱护他们,宁愿让自己累一点,饿一点,也不能让他们受痛苦。"这一天,我们直到黄昏时才吃了一顿饭。①

白求恩大夫在前线救治伤病员

除了积极救治伤病员,白求恩还经常辅导八路军医务工作者,给他们上课,亲自编写教材。他还在聂荣臻的支持下,把原来的后方医院改建成了一所模范医院。

1938年年底,白求恩写了一篇文章《创伤》,这篇被他自己称为"我的最佳作品"的文章描述了白求恩经过一个晚上的紧张手术,抢救了包括4个日本战俘后所陷入的深深的思考:

---

① 白光耀口述,袁国祥整理:《回忆和白求恩大夫在一起的日子》,《延安文学》2014年第2期。

没有伤员了。早晨6点钟。天哪,屋里很冷。把门打开。远方蔚蓝色的山顶上,晨曦初露。一小时后,太阳即将升起。上床睡吧。可是毫无睡意。这种残忍、这种愚蠢的原因又是什么?

……毋庸置疑,只有日本军国主义者和资本家有可能从这种大规模的屠杀,这种授权进行的疯狂行为中渔利。……只要他们的利润有减少的危险,他们就会兽性勃发,变得像野蛮人那样的凶暴,疯子似的残忍,刽子手般的冷酷无情。如果人类要生存下去,必须消灭这号人。只要他们还活着,世界上就不会有持久的和平。容许他们存在的这样一种人类社会制度必须废除。

创伤是这些人制造的。①

一年后的1939年11月12日,白求恩因抢救伤员受到感染,不幸逝世。一个月之后,毛泽东饱含深情,写了《纪念白求恩》一文,号召大家向他学习,做一个高尚的人,一个纯粹的人,一个有道德的人,一个脱离了低级趣味的人,一个有益于人民的人。

---

① 这篇短文《创伤》是白求恩大夫于1938年12月前后在晋察冀边区写的,曾刊载在1939年间出版的加拿大、美国左翼刊物上。1939年1月10日,白求恩大夫在给加拿大友人的信中称这篇短文"*是我的最佳作品之一*"。《纪念白求恩》,人民出版社,1979年11月版,第84—87页。

延安1938

> 卡尔逊发现,延安军民同仇敌忾,老百姓支援前线的热情极高,中共领导人廉洁、勤奋、一丝不苟,对抗战的前途充满信心,他因此得出结论:中国抗战的希望在延安。

延安来了个美国兵

在众多到访延安的外国友人中,来自美国的埃文思·福代斯·卡尔逊上校是第一位考察抗日根据地的外国军人。

埃文思·福代斯·卡尔逊(1896—1947),美国海军陆战队军官。1937年,卡尔逊第三次来到中国,当时正值抗日战争全面爆发不久。卡尔逊在美国驻上海总领事馆海军武官处任职,他决定作为美国海军的官方观察员,[①]在中国内地跟随中国军队徒步旅行,亲眼看看中国是怎样保卫其独立的。

有一次卡尔逊在前线战壕里采访时,一位战士用流利的英语向他打招呼。得知这名战士毕业于美国的一所大学后,卡尔逊十分震惊。他继续询问:军队里

卡尔逊第一次赴华北敌后时留影

---

① 还有一说是卡尔逊是罗斯福总统派驻中国的秘密观察员。1937年夏奉命来华之时,罗斯福总统请他将在中国所见所闻连同他本人的见解,可直接写信报告总统。引自[美]米契尔·布赖克福特:《卡尔逊与中国·美国人的军官,八路军的朋友》,生活·读书·新知三联书店,1985年12月版,第149页。

有很多像你这样的人吗？这位战士答道：是有很多。我们的人民正逐步觉醒，如果要国家生存，所有的人都应该把个人的抱负放在次要地位，为共同的利益而工作。这段简单质朴的对话让卡尔逊感受到，空前的民族灾难已经唤起了中国人民前所未有的民族觉醒，被西方人视为停滞、孱弱和一盘散沙的中国，在抗日战争中焕发出了前所未有的生机和活力。1937年9月，八路军取得了平型关战役的胜利，这让卡尔逊感到兴奋，他决定亲自到北方去考察八路军的作战方法和理论。①

卡尔逊和八路军总司令朱德合影

1937年12月15日，卡尔逊来到山西洪洞县附近的八路军总部，朱德总司令亲自到门口迎接，并告诉他：你可以接触我们的干部和战士，你可以向他们提出你想知道的所有问题，你完全可以自由行动。之后，卡尔逊广泛接触八路军官兵和老百姓。②12月24日，卡尔逊写信告知罗斯福自己西北之行的真实目的及所看到的八路军情况，他说：

我告诉过您，我来这里是视察过去中国的红军，因为我认为那是中国最完整的政治团体，而且因为这支军队创造出了一种与中国其他军事力量所使用的不同的战术，这种战术对外国军队确实也是陌生的……

一周来我到过八路军总部，与朱德总司令、任弼时政委、左权参谋长和一些人有过非正式的交谈。朱德是个仁慈的人，单纯、直率、诚恳。他凡事实事求是。他很谦虚，不出头露面。然而在军事问题上他从不含糊。他有格兰特式的坚韧不拔精神和李式的和蔼可亲态度（美国南北战争中，

---

①② 方华：《第一位到访抗日根据地的外国军事观察家》，《中国档案报》2013年9月26日，总第2514期，第3版。

格兰特是北军司令,后成为美国第十八任总统;罗伯特·李是南军司令)……

这支部队有三个师,部署在向东和向南通过五台山进入河北西部的山西和察哈尔西北交界线上,他们在日本人背后和两翼作战。他们交叉袭击日本人的交通线。眼下在五台山地区活动的部队受到日本人的包围。另外还有日本人的几路机动纵队从河北西部进入该地区。但是八路军像条鳗鱼,在日本部队中间频频游动,神出鬼没。也许最好将它比作一窝大黄蜂,骚扰着一头大象。他们打打就走,切断交通线,夜晚频繁出击,使他们的对手夜不安宁。我真是相信,那位日本军官在他日记中写的:"八路军使我头痛。"①

1938年1月29日,卡尔逊来到晋察冀边区政府所在地河北阜平,迎接他的是由聂荣臻亲自率领的边区政府领导、军政学校学员和根据地热情的抗日军民。在聂荣臻陪同下,卡尔逊参观了晋察冀根据地的建设情况。经过这次长达50多天的考察,卡尔逊认为:对八路军内幕生活的简短调查揭示了中国抗日战争中新的潜力。依我看,对日本的现代战争机器的挑战,这就是答案。

1938年4月底,卡尔逊又开始了绥远和山东之行,这次行程2400公里。白求恩的助手琼·尤恩护士曾回忆1938年春与卡尔逊在西安相遇并在延安一起活动的情况:

在西安宾馆,我遇见了伊万斯·弗戴斯·卡尔逊(埃文思·福代斯·卡尔逊)上校,美国驻华使馆的海军武官。……他是准备去绥远会见马占山,得跟我一道先到延安,然后再北上渡黄河。

我回到延安窑洞,却发现那儿已被好心的大夫们洗劫一空,连我的食物也不放过。我还没来得及弄清楚发生了什么事,卡尔逊就建议我们一起去参加五一节的庆祝活动,因为谁知道我们以后什么时候才能再看到中国

---

① 《埃文思·福·卡尔逊致罗斯福总统的第四封信(1937年12月24日)》,中国国际友人研究会编:《中国之友卡尔逊:纪念埃文思·福·卡尔逊诞辰一百周年》,辽宁人民出版社,1996年10月版,第39、41、44页。

的五一节。……庆祝会上，毛主席对群众作了足足三小时的讲话，参谋长向比赛获胜的队发了奖，卡尔逊上校也滔滔不绝地作了一小时的演说。然后是聚餐，学员和战士们盛情地频频向卡尔逊和我敬酒、夹菜。晚上，又看了一部苏联片《假如明天发生战争》。……看完电影，马（海德）大夫又邀请卡尔逊和我到他的窑洞去喝咖啡，借此向我说明一下为什么我的东西会不见了……

马海德最后通知我，我将与卡尔逊上校一起继续北上。[①]

1938年5月，在八路军驻西安办事处负责人林伯渠的安排下，卡尔逊来到延安。5月5日晚，毛泽东在延安凤凰山麓的窑洞里会见了卡尔逊，谈话一直持续到次日凌晨。[②] 谈话内容包括抗日战争、欧洲和美国的政治形势、各个时代政治思想的发展、宗教对社会的影响等。关于抗日战争，毛泽东说：只要人民有志气忍受困难，有决心继续抵抗，中国就不会垮台。中国像一个容量一升的细颈瓶，而日本灌进了不到一半的水。它的部队进占一个地方，我们转向另一个地方；他们追击，我们就后退。日本兵力不足，无法占领全部中国，只要人民决心继续抵抗，它就无法用政治手段控制。他说：有几种围困。日本在五台山包围我们，围困我们。但我们有另一种围困，比如日本在太原驻守，太原的东北是聂荣臻的部队，西北是贺龙的部队，林彪的部队在西南，朱德的部队在东南。日军在山西一出动就会撞上我们的巡逻队。正像山西是华北的战略锁钥一样，五台地区也是山西的锁钥，我们占领五台山，日本人就不能控制山西。另一种围困应是美国、苏联同中国一道围困日本，这将是一种国际的围困。卡尔逊认为德国侵略捷克斯洛伐克，英国就会参战。毛泽东认为英国不会为捷克斯洛伐克而打仗。

通过这次交谈，卡尔逊对毛泽东留下了深刻的印象——这是一位谦虚的、

[①] 琼·尤恩：《中国——我的第二故乡1933—1939》，陕西人民出版社，1992年6月版，第101—103页。

[②] 中共中央文献研究室编：《毛泽东年谱》中卷，中央文献出版社，2002年8月版，第66页。

延安 1938

毛泽东在延安凤凰山麓会见卡尔逊

和善的、寂寞的天才，在黑沉沉的夜里，在这里奋斗着，为他的人民寻求和平、公正的生活。在延安的半个多月内，卡尔逊还拜访了张闻天、萧劲光等共产党和八路军领导人，考察延安军民的军事训练，走访一些机关、学校和群众团体，并拍摄了许多反映根据地军民战斗生活的照片。在广泛的接触中，卡尔逊发现，延安军民同仇敌忾，老百姓支援前线的热情极高，中共领导人廉洁、勤奋、一丝不苟，对抗战的前途充满信心，他因此得出结论：中国抗战的希望在延安。延安的同志友爱同八路军一样。到处是和蔼可亲，无拘无束，其诚实和坦率很吸引人，使人耳目一新。①

1938 年春，陕甘宁边区文协和八路军总政治部共同组织了一个文艺工作组，深入华北敌后，开展文艺工作。② 这个组的成员有刘白羽、欧阳山尊、汪洋、金肇野、林山 5 人，刘白羽担任组长。刘白羽后来回忆：

那是 1938 年，延安一个春寒料峭的五月之夜，毛泽东同志派一个警卫员提着马灯把我找到他凤凰山下的寓所，对我说："你不是想到敌后去吗？现在有一个叫卡尔逊的美国人要到华北游击区去，你组织几个人陪同他一道去。"是的，人生中一个重大事件，往往就这样轻易决定了。于是，被卡尔

---

① 中央档案馆、上海市档案局联合主办"红星照耀中国——外国记者眼中的中国共产党人"展室资料。
② 1938 年 5 月 15 日，文艺工作组离开延安，经晋西北、晋察冀、冀中、冀南、鲁西北、豫西北直至郑州，再由郑州返回延安，行程 3000 公里，历时 90 多天。

逊叫作五个"小伙子"的——欧阳山尊、汪洋、金肇野、林山和我，从此和卡尔逊——美国海军陆战队军事观察家这个老兵，结下了不解之缘。

至今我还记得第一次见面时，这个朴实而又聪慧的美国人曾经怎样用疑问的眼光打量过我们这几个陌生人，而且问："你们一天能走30公里吗？"但是，在后来的从5月到8月的80多个日夜里，我们冒着弹火硝烟、疾风骤雨，冲过三道日军封锁线，我们性命相依，生死与共，几个中国人和一个美国人心灵之间交织出深厚的战斗友谊。①

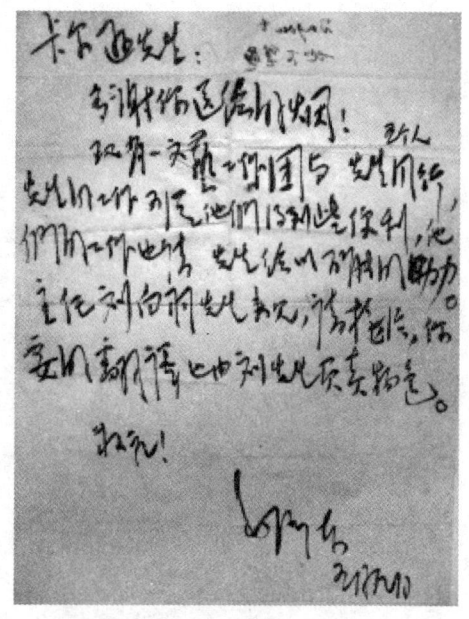

毛泽东1938年5月9日
写给卡尔逊的信

1938年5月9日，毛泽东给卡尔逊写了一封信：

卡尔逊先生：

多谢你送给的烟！现有一文艺工作团与先生六个人同行，先生的工作可从他们得到些便利，他们的工作也请先生给以可能的助力。主任刘白羽先生来见，请接洽，你要的翻译也由刘先生负责物色。

敬礼！

毛泽东
五月九日

5月15日，文艺工作组离开延安，卡尔逊与之同行，欧阳山尊担任他的翻译。欧阳山尊在当时的日记中记录了与卡尔逊前往华北之行的情况。

---

① 刘白羽：《一个崇高的美国人——埃文思·福·卡尔逊》，中国国际友人研究会编：《中国之友卡尔逊：纪念埃文思·福·卡尔逊诞辰一百周年》，辽宁人民出版社，1996年10月版，第12—13页。

延安1938

5月15日 晴 风

　　破晓就起来了,早餐后就到卡尔逊处,跟他约好在招待所前会齐,一同搭车。七点半大家都到了招待所,可是车站上一问,因为车坏了正在赶修,要十点钟以后才能启行。于是大家到隔壁潘奇处稍事休息,以消磨这两个多钟头的时光。十点二十分车修好了,大家匆匆地将极简单的行李搬上了车以后,车就开了,小别了延安!此次同行除我们五人与卡尔逊外,还有加拿大女医生金青莲(Jean Ewen)女士,她到绥德以后就要跟我们分道,她是到五台去做卫生事业的。她高高的个儿,说得一口很好的国语,比真正"中国人"林山的中国话要强得多。听说她父亲还是一个共产党员,现在还在加拿大过着监狱生活。

6月26日 晴 雨

　　我和卡尔逊先到目的地金刚塘古佛寺,群众队伍已在等着欢迎。与聂荣臻同志见面,谈了很久,后面的人才到。吃了饭,卡尔逊、白羽和我与聂荣臻同志谈话,谈到路线,谈到卡尔逊今年首次离五台后几个月间的情况。卡尔逊说自从他公开发表了他的首次访问后,日本曾将此事向美国政府提出抗议,理由是一个美国军事观察家不应到日军后方去旅行。卡尔逊当时却要美国大使向日本当局说,"假使不愿意的话,尽可以用武力把他驱逐出去"。

　　卡尔逊上一次完成五台之行回武汉后,还是做了一些统战工作。有些怀疑国共合作前途的国民党人,经和他谈话后,过了些日子,亲自告诉他,对共产党有了相当的了解。[①]

　　在纪念埃文思·福代斯·卡尔逊百岁诞辰之际,已经是耄耋之年的欧阳山尊回忆起当年与卡尔逊一起在山东的情景:

　　1938年7月中旬,我们抵达了山东的临清,这里有驻军八路军一个

[①] 欧阳山尊:《三月日记——陪同埃文思·福·卡尔逊巡行华北敌后》,中国国际友人研究会编:《中国之友卡尔逊:纪念埃文思·福·卡尔逊诞辰一百周年》,辽宁人民出版社,1996年10月版,第121、193页。

团……隔了一天，八路军宴请卡尔逊和沈鸿烈（时任国民政府山东省主席），作陪的是当地各抗日群众团体的干部们，席间大家互相邀请唱歌，我和汪洋唱了抗战歌曲，卡尔逊也高兴地唱了美国民歌，还吹了口琴。

我们继续南行，到了河南省境内……渡过泛滥的黄河抵达郑州，我们三个人要从这里返回延安，而卡尔逊则要去武汉，我们送他到车站，

1938年，卡尔逊在晋察冀抗日根据地

彼此互道珍重，含着依依惜别的热泪合唱《游击队歌》："我们生长在这里，每一寸土地都是我们自己的，无论谁要强占去，我们就和他拼到底。"火车开动了，我们长久地挥动着告别的手。那是1938年8月6日。

在为期三个月和3000余公里的行程中，埃文思·福代斯·卡尔逊和我们建立了真挚牢固的情谊……①

1937年底和1938年，卡尔逊通过两次敌后抗日根据地之行，考察了八路军的组织建设、思想作风、政治工作、官兵关系、军民关系以及敌后根据地的政治、经济、民兵建设等，丰富了见闻，对抗日根据地也有了深入的了解，他从内心对中国共产党及其所领导的八路军产生了敬佩之情，也留下了难以忘怀的记忆。1938年8月16日，他给挚友埃德加·斯诺写信道：

您知道我是多么感激您给我打开了通往共产党地区的大门。我第一次去那里的旅行是一次启蒙经验，是给了我生命中新的追求目标的一次旅行。

---

① 欧阳山尊：《建立在真诚、平等基础上的友谊——纪念埃文思·福·卡尔逊百岁诞辰》，中国国际友人研究会编：《中国之友卡尔逊：纪念埃文思·福·卡尔逊诞辰一百周年》，辽宁人民出版社，1996年10月版，第115、117页。

延安 1938

我见到了八路军的大多数指挥官，刘伯承、徐向前、聂荣臻、陈赓、徐海东、贺龙和林彪。他们干将真不少。您知道我对八路军的看法。世界上再也找不到那样一支军队。它的成功有多种因素，但基本的一条是给每个人灌输要有正直为人的愿望和有高度的责任感。这样，结合轻视物质的东西，甘愿个人隐姓埋名，做出牺牲，这就使一个人有了一种精神基础，能克服碰到的一切物质上的困难。①

在致美国罗斯福总统的信中，卡尔逊这样描述他所见到的八路军：

他们的信念和训练的基本原则之一是必须正直为人，而且人总是应该去做那些正直的事。他们以乐于服务的精神谆谆教诲他们的"弟子"。在部队进行的所谓"政治训练"，目的是让士兵有自愿服务的精神。领导（军官们）教育战士（应征入伍的士兵）要有信心，而且不断向他们说明形势，为什么要采取某种行动，等等。在战斗前，把士兵们集合起来，向他们说明军事情况，还告诉他们胜利的可能性有多大，战胜的重要意义是什么。其结果是领导和战士互相理解，结成一气。正是这种理解，加上服务精神和做正确的事，使得这支军队十年来击败了更为强大的国民党部队，也使这支军队能战胜日本人，而中国尚没有其他部队能做到这样。②

1938年，卡尔逊与聂荣臻在晋察冀抗日根据地

---

① 《埃文思·福·卡尔逊致埃德加·斯诺的第一封信（1938年8月16日）》，中国国际友人研究会编：《中国之友卡尔逊：纪念埃文思·福·卡尔逊诞辰一百周年》，辽宁人民出版社，1996年10月版，第98—99页。
② 《埃文思·福·卡尔逊致罗斯福总统的信》，《光明日报》2014年8月30日，第7版。

考察结束后，卡尔逊在美国《纽约时报》和《时代》周刊上发表了多篇报道八路军的文章，他也因此受到美国海军部的警告，卡尔逊为此选择了主动辞职。1938年12月底，脱下军装的卡尔逊回到旧金山。他不仅积极为中国人民的抗日救亡事业奔走游说，介绍在中国的所见所闻，发表了一系列文章，还写出了《中国的军队》和《中国的双星》两本书，真实记录了他在中国各战场考察的情况，称华北敌后抗日根据地是"新中国的试管"，并在书中预言"中国共产党必将在中国取得胜利"，在国际上引起了很大震动。

卡尔逊著《中国的双星》

太平洋战争爆发后，卡尔逊再次得到任命，重返美国海军陆战队。他把中国共产党的游击战术应用于对日军的战斗中并取得巨大成功。①1944年，卡尔逊在塞班岛战役中负伤，1946年，以准将军衔退役。1947年5月27日，卡尔逊因心脏病溘然辞世，年仅51岁。

---

① 1946年6月10日，斯诺在美国《礼拜六晚报》周刊撰文写道：不久之后，我们进行了战争（按：指日本挑起的与美国之间的太平洋战争），他（指卡尔逊）就得到了应用他所学到的东西的机会。他被委任来组织和训练经过选拔出来的每股青年队伍以担任特殊战术任务。他公开说他把得自中国游击队的许多思想融会变通起来。由这个康涅狄格州牧师的儿子所领导的海军陆战突击队，现在喊着中国人的呼声在太平洋迈进。（E.斯诺：《六千万被忘掉的同盟者》，《解放日报》1944年8月17、18日）

延安 1938

> 然而我们越接近红色首都，就越能看到大量年轻中国人的身影，个个背着简单的行李徒步走到这里，希望能加入梦寐以求的八路军。这条路就是一条朝圣之路，延安就是下一代心目中的麦加圣城。

博斯哈德：第一个来延安的欧洲记者

瓦尔特·博斯哈德

延安时期，第一个访问延安并见到毛泽东本人的欧洲记者是瑞士摄影师瓦尔特·博斯哈德。

1938年4月，冰雪消融。军队卡车载满物资行进在泥泞的山路上，城内街市熙来攘往，虽春寒料峭，人们的面容却平和喜乐。这是延安的风景，在这里，"来自五湖四海，为了一个共同的革命目标，走到一起来了"的革命者们，或刻苦学习，或专注工作，或认真训练，或劳动开荒。再走近一些，你甚至可以看到毛泽东从简陋的窑洞中快步走出，衣着朴素却意气风发……①

所有这些真实的场景，你都可以在《通向延安之旅》纪录片中看到。而该纪录片的拍摄者正是博斯哈德。

---

① 胡劼：《瓦尔特·博斯哈德的延安之旅》，《中国档案报》2013年8月15日，总第2496期，第3版。

《通向延安之旅》镜头之一

博斯哈德（1892—1975），瑞士人，瑞士《新苏黎世报》《生活》《世界画报》记者。他于1931年来到中国，并于1938年从北京动身前往汉口，计划在那里寻找机会到延安采访。尽管当时已经处于国共合作时期，但国民党当局并不愿意让外界看到关于八路军的真实报道，因此想要进入延安可谓困难重重。所幸，博斯哈德遇到了史沫特莱。在她的引荐下，博斯哈德在一个黄昏见到了中共领导人周恩来。短暂的交谈后，周恩来答应将博斯哈德介绍给西安的八路军办事处。在那里，他见到了办事处的中共中央代表林伯渠。他戴着副眼镜，穿着不合身的蓝布衫，乍一眼看去好像是一个中国乡村小学的校长。但这个人就是共产党的金融才子，负责管理八路军的后勤供给以及账务。在林伯渠的安排下，博斯哈德终于得以与美国《芝加哥每日新闻》的记者阿·斯蒂尔一起，于1938年4月，随运输物资的车

延安1938

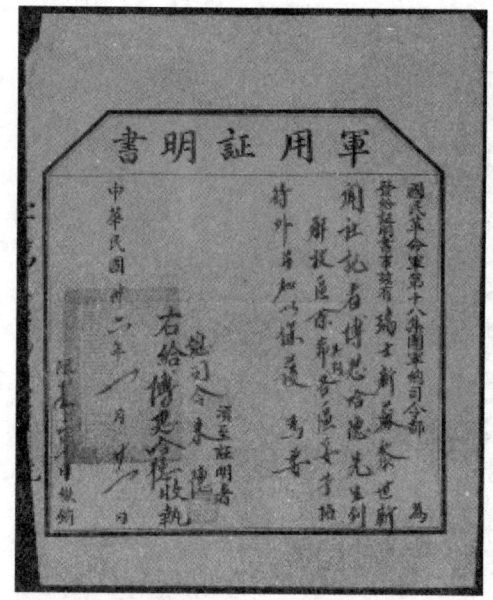

第十八集团军总司令朱德签发给博斯哈德前往解放区的军用证明书
（中央档案馆提供）

队前往延安。①

前往延安旅途之艰辛超乎想象。博斯哈德在他的记录稿中写道：

路况之差使得我们只好缓慢前行。即使轮子上缠着铁链，也无法阻止汽车顺着陡峭的山坡向后滑。好几次，车队还得从万丈深渊上晃晃悠悠地经过，让人直捏一把冷汗……

沿途的乡村越来越破败。田里的庄稼稀稀拉拉，偶尔有羊群在小河边吃草。然而我们越接近红色首都，就越能看到大量年轻中国人的身影，个个背着简单的行李徒步走到这里，希望能加入梦寐以求的八路军。这条路就是一条朝圣之路，延安就是下一代心目中的麦加圣城。这一代人被战火从学校里赶出来，背井离乡，期望在延安找到新的信仰归宿。②

整整6天之后，博斯哈德一行终于抵达延安，并见到了毛泽东。

博斯哈德第一次拜会毛泽东是在城中一所简陋、不起眼的屋子里。当时毛泽东正坐在一张大写字桌旁，桌子后面是一盘炕。此外就是一个中式橱和三把不稳的椅子，这就是屋中的全部家当了。桌上到处堆着书籍、文件、报纸、信件、图纸，还有一个烟斗。刷白的墙上是一张巨大的陕西地图和几张反对意大利入侵埃塞俄比亚的苏联宣传画。③

《通向延安之旅》纪录片拍摄了毛泽东走出窑洞迎接博斯哈德的场景。

---

① 胡劼：《瓦尔特·博斯哈德的延安之旅》，《中国档案报》2013年8月15日，总第2496期，第3版。

② 引自博斯哈德《延安之行》的记录稿，原件藏于瑞士联邦苏黎世理工学院现代历史档案馆。

③ 王佳妮、邹伟农：《第一位采访毛泽东的欧洲记者》，《中国档案报》2013年10月17日，总第2521期，第2版。

《通向延安之旅》镜头之二

镜头中的毛泽东身材修长，略显清瘦。在博斯哈德后来撰写的报道中，描写了毛泽东的神态：

> 乌黑的长发常要飘落在他的额头前，他说话时，他就伸出手慢慢地将头发撩到后面去。最廉价的香烟也能让他陶醉不已，抽起来没个停，闻上去却是一股混合着马粪和酸菜的味道。

在博斯哈德的印象里，毛泽东说话有力、简明扼要，看问题深刻透彻，不拿腔拿调，不拖泥带水。谈话中，毛泽东还从桌子下拿出一瓶酒，在博斯哈德的茶杯里倒满了"白干"，"味道和他的香烟一样糟糕"。

博斯哈德和毛泽东的访谈持续了三个小时。① 毛泽东首先谈到日本问题。在他看来，日本有三大弱点：兵力不足、军士残暴、指挥笨拙。正是

---

① 胡劼：《瓦尔特·博斯哈德的延安之旅》，《中国档案报》2013年8月15日，总第2496期，第3版。

这三点使他坚信中国终将胜利。"日本人始终以为能用钱收买国人,而中国民众对于外国侵略者也只会像以前一样袖手旁观。但现在农民站在我们一边,而且战争拖得越长,他们就组织得越好。我们的对手高估了手中的重型现代武器,在游击战中这些丝毫没用。"

博斯哈德接着询问了毛泽东关于国共合作的看法。毛泽东认为最重要的是中国人要团结一致。做不到这一点,中国就没有未来。"如果国民党真正愿意执行他们3月份制订的抗日建国计划的话,我们是他们最好的盟友。中国共产党有10万多党员,背后还有广大人民的支持。民众普遍要求国内和平团结,要求一致抗日。这样广泛的民众意见没有一个叛国者敢于轻视。"

在谈到中国共产党的未来时,毛泽东答道:

中国共产党的未来当前还不是最重要的。现在我们只一心抵抗日本侵略者,目前我们只是民主主义者,还不是社会主义者,更何谈共产主义者。以后我们当然希望继续前行,通过社会主义达到最终的共产主义。但那当然是符合中国国情的共产主义。我们首先要提高农民的收入水平,因为只有提高这四亿人的购买力,本土工业也才有可能茁壮成长。

博斯哈德采访期间,毛泽东正在撰写著名的《论持久战》。在接受博斯哈德采访结束20多天后,毛泽东演讲了这篇文章。毛泽东的智慧与自信

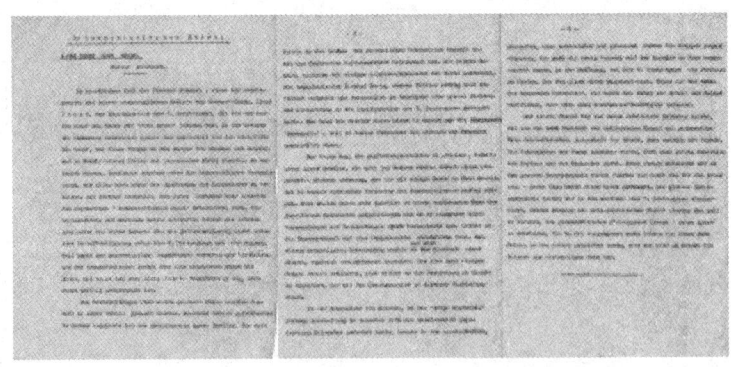

1938年8月,博斯哈德采访毛泽东的记录稿
(瑞士苏黎世联邦理工学院现代历史档案馆提供)

给博斯哈德留下了深刻的印象。他评价毛泽东更像一位古典时期沉思的哲人。对于延安，他则称之为"下一代心目中的麦加圣城"，"这一代人在战火中背井离乡，在延安找到新的信仰归宿"，"共产党点燃了许多中国青年的希望，使他们纷纷拥向延安，主动接受革命教育"。①

1938年8月，博斯哈德拍摄八路军女战士
（瑞士苏黎世联邦理工学院现代历史档案馆提供）

1938年8月17日，博斯哈德在瑞士《新苏黎世报》发表了总标题为《在共产主义中国》的6篇系列报道，其中，对毛泽东的采访被刊登在了醒目位置上。

他拍摄的《通向延安之旅》，时隔半个世纪之后，也远渡重洋，赠送给了中国，从而使中国人民有机会领略延安时期珍贵的历史画面。

---

① 中央档案馆、上海市档案局主办的"红星照耀中国——外国记者眼中的中国共产党人"主题展。

延安1938

> 延安的人们,期待世界学联代表团的来临,已经有三天了,三天以前延安市上就布满欢迎世界学联代表的标语和旗帜。

世界学联的代表

在世界青年第一次代表大会即将召开之际,世界学联派遣国际学生代表团来华考察。1938年6月25日,延安《新中华报》第2版以《欢迎国际学生代表团》为标题做了报道:

国际学生代表团,上月来华后经各大城市参观视察,于本月二十日前后可达西安。

国际学生代表团,是反法西斯反侵略的青年战士,是为保卫人类和平的青年战斗员,我们首先向这几位青年朋友致热烈的诚意,并遥寄以无限的欢迎!

……

我们相信他们这次亲自来华,更清楚地看到了日本法西斯是如何惨无人道,和中国人民团结奋斗为保卫祖国,为中华民族解放的英勇精神,将能向全世界人民全世界青年做广大的宣传,号召全世界青年,采取更有效更实际的办法来援华反日,来一致地完成全世界反法西斯反侵略保卫人类和平文化的伟大事业。

1938年6月29日,古城延安迎来了世界学联的代表,延安组织了近万名的群众,举行盛大的欢迎会。第二天出版的延安《新中华报》的报道,

世界学联的代表

延安青年学生欢迎世界学联代表

即使现在读来仍觉得如临现场:

  延安的人们,期待世界学联代表团的来临,已经有三天了,三天以前延安市上就布满欢迎世界学联代表的标语和旗帜。

  由于西安到延安间,道路的崎岖。柯乐满、雷克难、傅路德、雅德等一行四人,迟至二十九日正午十二时半,终于来到了我们延安……

  这时,炎热的阳光,正高悬在空中,延安南门外的广场上,挤满了千万的群众,抗日军政大学、陕北公学、延安市自卫军、少先队、艺术学院、鲁迅小学、边区青年救国联合会、边区妇女联合会等以及驻延各部队都到齐了。连数百个小足妇女都来了。写满英文和中文的"欢迎世界学联代表"的旗帜在每一行列的前面飘扬着。

  十二点三十分,世界学联代表团的所乘汽车行抵延安,在千万群众的欢呼下,世界反法西斯的青年学生代表和他们的欢迎者第八路军代表滕代

远、萧劲光，中国共产党代表李富春，边区抗敌后援会主任齐华，边区青年救国会代表高朗山开始见面，并且亲密地握手。此刻，军乐队演奏着最愉快而轻松的歌谱。边区人民和他们的国际友人，都融洽在有节奏的音乐里。他们的步调是一样的！

盛大的欢迎会接着开始了。世界学联代表从千万群众的行列里穿过去，走上了主席台。群众们都高喊着："全世界青年团结起来！""援助中国人民抗战！""为民主、和平、自由而奋斗！""欢迎世界学联指导边区青年运动！""欢迎世界学联代表指导与赞助全中国青年的统一与团结！""反对法西斯的野蛮侵略，是世界青年的历史任务！""全中国各抗日党派青年，巩固团结起来，为反抗日本帝国主义的侵略而战斗到底！"……雄伟的吼声，继续了数分钟之后，边区青年的领袖高朗山，在主席台上出现了，他代表着边区二十万青年群众向不远千里而来的国际朋友致最热忱的欢迎词：

"边区的青年们，听说你们来到中国，就感觉得异常的愉快。最近又接到你们到边区来的消息，真是高兴到说不出来，今天我们居然在这里和我们最敬爱的国际弟兄们见面了，心里的喜悦是不能加以形容的。

"我们敬爱的世界弟兄们，你们来到中国，一定会看到中国千百万的群众，踊跃地走向斗争中来，走向民族解放的队伍里来。也一定会看到残暴的日寇，正在肆意残杀无数的中国青年，无数的中国人民。希望能经过你们，在全世界青年的前面宣布出来。推动他们更有力地来帮助在英勇斗争中的中国青年。

"我们数十万边区青年，现在正和全国青年亲密地站在一起，积极进行抗日战争。希望我们敬爱的国际弟兄们，给我们积极的帮助和指示！"

高氏致辞毕，邀请国际学联代表柯乐满先生、雅德女士演讲。在两氏演讲中，迭连获得群众的欢呼鼓掌。群众是用欢呼来答复伟大的国际朋友的同情的！两氏讲完之后，抗大学生起立唱《欢迎世界学联代表歌》。同样是流露着边区青年对国际弟兄们的热情,亲密,和团结得不可分离。①

80年之后,我们不能不特别关注世界学联代表柯乐满以及代表美国学生的雅德的致辞。雅德在致辞中介绍了美国百万学生抵制日货、支持中国抗战的情况。而柯乐满的致辞则如延安热情的欢迎者一样,同样充满了欢快的情绪:

我们非常感谢诸位朋友对我们的欢迎!

今天在延安,看到了我们所早要想看见的抗大的陕公的及一切同学们与全延安的朋友们,我们高兴极了!兴奋极了!

在抗战以前,中国早已有了学生运动并且在英勇地参加为民族解放事业的斗争,全世界青年均已知道了,听到了上海、北平、天津等地青年的反日示威运动,表示非常同情,我们很希望看看中国青年的伟大精神。我们今天到中国各地区,使过去的希望完全实现了。

我们看到中国许多青年,在游击队中,在军队中,在农村中,在工厂里,在学校里,都在积极参加抗战工作,同时大家都紧紧地团结起来了。这不但中国如此,全世界的青年学生也团结起来了。全世界各党各派青年都在进行着帮助中国抗战,各国学生募集几十万几百万现金捐给中国,在美国、英国、印度的学生领导了抵制日货运动。英国牛津剑桥大学学生跑出学校,到商店中去,宣传他们不要买卖日货,捐出金钱,帮助码头工人,劝阻他们不要帮助日本运输军火;印度学生跑到农村中去,宣传不要买日货来实际地援助中国。世界上有三十多个国家学生要求国联来制裁日本,援助中国,各国学生在日本大使馆公使馆门前举行示威,抗议日本的暴行。我们在中国各省在延安看到中国人民这样的情形,我们相信:中国一定能胜利。(热烈的掌声)

在最近,全世界青年将要开第一次大会,讨论保卫世界和平与民主及援助中国抗战的问题。我们希望第二次全世界青年大会,是在中国抗战胜

---

① 《延安万余群众欢迎世界学联代表降临,昨日正午在南关外举行盛大欢迎会,由边区青年领袖高朗山氏致欢迎词》,《新中华报》1938年6月30日,第2版。

利后,在南京来举行。(历时很久的鼓掌)①

世界学联代表团一行人在延安总共停留了5天,每一天的行程都满满当当。幸运的是,当时出版的延安《新中华报》对他们在延安的活动,用几乎写实的笔法进行了介绍,让我们得以一睹当时的情况:

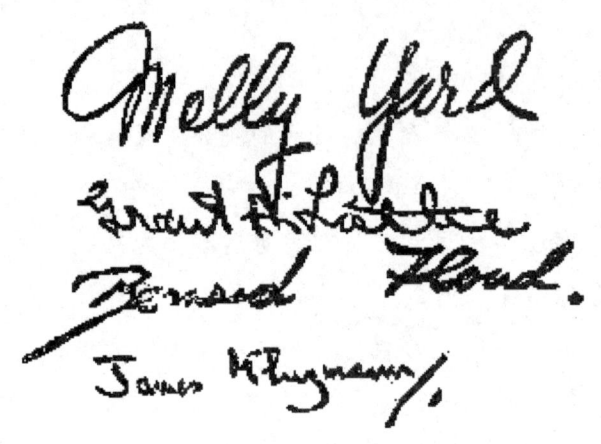

世界学联代表柯乐满、傅路德、雷克难及雅德女士给《新中华报》记者的签字

世界学联代表团到达延安后,备受延安各团体各机关与人民之热烈欢迎。分别举行盛大的欢迎会,……特将延安市欢迎代表团的情形逐日报道如下:

六月三十日上午八时,假市政府俱乐部地址,由边区抗敌后援会召集座谈会,除代表团诸君列席外,并到边区总工会,边区文协,边区青救会,边区妇联,边区抗敌电影社,解放社,新中华社,延安市抗敌会,工会,自卫军,妇联会,商学学生会,农会等二十余团体代表,由边区抗敌后援会主任齐华先生报告边区民众运动概况及今后工作任务。

齐华先生报告后,代表团诸君对边区民运提出如下几个问题:

一、在各项抗战动员中的具体数字(如春耕等);

二、劳资双方的关系;

三、自卫军与青救会的组织与状况等。

经过齐华先生一一解答后,至下午一时许结束了该会,并举行会餐。

下午三时左右,党校全体师生,欢迎代表团前去参观,并参加其晚会。

在晚会上,代表团诸君报告他们此来任务,与世界青年及人民对中国抗战

---

① 《世界学联代表演讲词》,《新中华报》1938年6月30日,第2版。

的同情及援助的情形。

七月一日上午参观陕北公学，全体同学并举行欢迎会。

下午二时，中共中央召集干部欢迎会，到会有各机关各团体代表四五百余人，济济于大礼堂。大会开会后，毛泽东致欢迎词：

中共中央谨以万分诚意，欢迎世界学联代表！世界学联对我国的衷心援助，派遣代表团来华考察，我们表示十二万分诚意！抗战虽然是要自力更生，但对外援助也有重大意义，我们需要国际援助，因为日本有侵略朋友，侵略者结成了统一战线，在世界上造灾难，我们也要与世界人民团结，来战胜法西斯。其次希望代表团在中国在延安所看见的一切有些什么意见，尽量告诉我们，我们并希望代表团把中国人民的愿望——即援助，带给将要开会的青年大会及全世界人民，以取得他们更好的帮助。

继有西北青救会代表冯文彬，边区文协代表柯仲平诸君讲话后，代表团柯乐满先生讲演。……后其余四人也发表讲演。……大会至五时始散会，中共中央并设宴招待。晚八时参观延安各群众团体庆祝中共成立十七周年纪念大会以后，在大礼堂开晚会。由鲁迅艺术学院及延安市艺术家登场表演，主要的两个节目，一个是《农村曲》（歌剧），其次是《松花江》（由京剧《打渔杀家》的旧形式，改成为新的内容），并夹杂一些歌乐及小调。博得观众热烈欢迎，至二日上午二时许始散。

新歌剧《农村曲》

1938年夏，毛泽东与世界学联代表团在延安凤凰山麓合影

七月二日，上午十时，由边区青年救国联合会召集青年工作座谈会，有陕公、抗大及其他各学校青年工作者六十余人参加，由冯文彬先生报告《目前青年运动的环境状况与今后任务》。……

冯文彬先生报告后，时间已至下午九时许了。为了节省时间起见，边区青年运动概况停止报告，继由各地青年工作者发表意见，其中有边区的，有广东的，有中国各个省的，甚至于有包括印度、缅甸、安南（笔者按：即越南）等地的华侨青年工作状况，一致对冯氏报告，给予新的东西，将其内容更加充实与发挥起来了。最后由柯乐满先生讲述英国、印度、美国、法国等国家中青年运动概况，该会至中午十二时许始散。

七月三日参观抗日军政大学、鲁迅艺术学院、印刷厂、解放社、边区高等法院及其监狱等学校机关，晚间参加抗大欢迎晚会，抗大全体学生并赠送许多旗子及前线战斗胜利品，与红军十周年纪念章，甚至于女生队将自己所制的草鞋，亦送给代表，是证明抗大学生对代表团诸君欢迎之热忱。①

为表示对国际学联代表的欢迎，鲁艺还专门准备了歌剧《农村曲》的演出。参与创作该歌剧的李伯钊在当天的日记中写道：

为了欢迎国际学联，我和吕骥、向隅等合作创造、演出了新歌剧《农村曲》。毛主席和我坐在一起在抗大看了演出。毛主席评价这出新歌剧是"亭

---

① 《世界学联代表团离延》，《新中华报》1938年7月5日，第2版。

子间来的与农民的结合"。①

作为中共领袖的毛泽东对这次世界学联代表团的到来非常重视，不仅亲自陪同世界学联代表到中央党校参观，还与他们单独见面，并介绍了中国共产党所领导的抗日民族统一战线情况以及陕甘宁边区的建设情况。②毛泽东说：

边区是一个什么性质的地方呢？一句话说完，是一个民主的抗日根据地。

现在有些人对于边区有两种不正确的观点：一种说边区什么都不好，有少数顽固分子这样说，这种说法显然不合事实。另一种说这里像个神圣的天堂，什么缺点都没有，这种说法也过分了。

承诸位好意来延安参观，我就欢迎诸位的批评，指出这里的缺点，以便加以改正，使之更利于抗日救国的伟大事业。

7月4日上午，是世界学联代表离开的时刻，包括抗大、陕公、自卫军、群众团体的各界群众近万人纷纷在延安市南门外广场集合，欢送世界学联代表团。冯文彬致欢送辞。致辞之后，各团体、

1938年夏，世界学联代表团在抗大参观访问

---

① 李伯钊：《回顾往事——日记摘抄》，艾克恩编：《延安艺术家》，陕西人民教育出版社，1992年8月版，第2页。
② 《毛泽东同志与世界学联代表团柯乐满先生雅德先生傅路德先生雷克难先生之谈话》，《解放》周刊第45期（1938年7月15日出版），第4—6页。

世界学联拨专款修建的延安学生疗养院

各学校纷纷向世界学联代表献旗，场面热烈。受到感染的世界学联代表雷克难、傅路德在演讲中表示，要把在延安所见到的一切，一点不隐藏地向全世界人民、向全世界青年宣布，并使大家尽最大的努力，支持中国的抗战斗争。欢送会上，在征求了世界学联代表团同意之后，吸收柯乐满、雅德、雷克难、傅路德4位团员为西北青救会的名誉会员。

不久，世界学联给延安拨专款，于1940年底在延安建立起了学生疗养院。

约半个世纪之后的1987年6月，曾经作为世界学联代表团成员的莫莉·雅德女士访问北京，并将一批珍贵的历史文物赠送给中国。这批文物包括世界学联代表团1938年访问延安时拍摄的反映延安军民战斗和生活的电影、几百张照片，毛泽东和代表团正式谈话的记录全文，以及她的访华日记，她回美国后所做的演讲、报告及美国报纸的报道等。[1]

1938年世界学联代表团在延安的历史留影把中外青年友谊的美好使者联系在了一起，也给今天的人们留下了80年前那一幕幕珍贵而感人的时代记忆。

---

[1] 张勉学：《和龚澎相处的日子——怀念龚澎同志》，吴介民编：《延安马列学院回忆录》，中国社会科学出版社，1991年4月版，第303页。

> 我们为团结边区世界语者，共同发展世界语运动起见，已于五月六日在文化协会成立延安世界语者协会，并自即日起开始征求协会会员，希望热心世界语运动的同志踊跃加入。

延安也有世界语

世界语是波兰医生拉扎鲁·路德维克·柴门霍夫（波兰籍犹太人）于1887年在印欧语系基础上创立的一种语言，他希望人们借助这种语言，达到不同民族间的相互了解，消除彼此的仇恨并减少战争，希望全世界的人民可以组成平等、博爱的大家庭。世界语最早于20世纪初传入中国。

1938年4月26日，陕甘宁边区新文字研究会在延安召开第一次执委会议，当讨论到新文字和世界语的关系时，好几位同志都认为有必要在延安成立一个世界语者协会。因为在当时来说，世界语是全世界被压迫大众和弱小民族彼此联络团结的最好工具，尤其是在反法西斯侵略的斗争时期，无论在中国或是西班牙，世界语在国际宣传方面都起了

拉扎鲁·路德维克·柴门霍夫（1859—1917），世界语创始人

1938年5月10日,《新中华报》第2版报道《延安世界语者协会成立经过》

重大的作用。自从世界语传入中国以后,世界语运动在陕甘宁边区也有长足的发展,散处在各学校各机关的掌握世界语的同志,为数也不少。经过讨论,大家都认为为了加强更广泛的团结,增强力量,扩大世界语运动,促进国防文化的宣传,有必要成立一个世界语者协会的组织。

几天后,由陕甘宁边区文化界救亡协会发起组织,并开始着手筹备世界语协会的具体事宜。参加筹备的有边区教育厅、市政府、文化界救亡协会、鲁迅艺术学院、鲁迅小学等团体机关的相关同志。筹备组先后召开了3次筹备会议,并于1938年5月6日在文协举行了成立大会。参加会议的代表有数十人。边区文协的徐雉报告了筹备经过,边区教育厅代表王亦青宣读了协会章程,交由大会讨论通过。大会推举徐敬五、李又然、柳风、徐雉、王一夫等5人为执行委员,王亦青、贾玉洁为候补执行委员,组成执行委员会。执行委员会又推选徐雉担任常务委员兼宣传部副主任,李又然任宣传部主任,贾玉洁任宣传部干事,柳风任总务部主任,徐敬五任研究部主任,王一夫任组织部主任,王亦青任组织部副主任。会议还起草了《大会宣言》,用中文发表,同时起草了《告全世界世界语者书》,用世界语发表。协会的会址设在陕甘宁边区文化界救亡协会。

1938年5月10日,延安《新中华报》第2版刊发了世界语协会的工作计划:

(一)鲁迅小学原有世界语初级班移归该会办理,由王一夫同志担任教授。

（二）设立世界语初级讲习班第二校，由李又然同志担任教授。

（三）在鲁迅艺术学院成立世界语读报会，性质近于中级讲习班，由徐雉同志担任教授。

（四）附设第一期俄文班，由王一夫同志担任教授。

（五）对外发表边区通讯，每月一次或二次，由徐雉同志担任。

（六）筹备世界语展览会，由徐雉同志负责。

（七）组织世界语研究会，研究内容包括会话、歌咏、朗诵、记生字、文法、翻译诸项，由徐敬五同志担任。

（八）设立第一期世界语中级讲习班，由徐雉同志担任教授。①

同一天，延安《新中华报》刊发了征集会员的启事：

> 我们为团结边区世界语者，共同发展世界语运动起见，已于五月六日在文化协会成立延安世界语者协会，并自即日起开始征求协会会员，希望热心世界语运动的同志踊跃加入。报名处：边区文化界救亡协会。②

当时在延安中山图书馆工作的王仲方回忆：

> 我在中山图书馆工作时，有一位戴眼镜的文化人来找我，问有没有世界语的书籍和字典，我们倒真有一本世界语小字典，他很高兴。他自报家门说他叫庄栋，在上海学的世界语，并向我详细介绍了柴门霍甫发明和创立的世界语，已在全世界发生影响，特别是社会主义者把它作为国际间

延安中山图书馆

---
① 《延安世界语者协会成立经过》，《新中华报》1938年5月10日，第2版。
② 《延安世界语者协会启事》，《新中华报》1938年5月10日，第3版。

交流的工具。……庄栋后来又来过两次，提出想在延安成立世界语协会，推广世界语，请我和马列学院的黄乃（辛亥革命元勋黄兴的儿子，双目失明）当理事。我认为这是一项进步的文化活动，同意参加，经过学习我也会读、会唱，成了一位世界语者。①

延安《新中华报》还刊发了协会常委徐雉所拟的《延安世界语者协会成立大会宣言》：

  日本帝国主义的火把，
  燃着了中华民族神圣自卫战争的火把；
  疯狂的法西斯蒂的进攻，
  掀起了全世界反侵略斗争的浪潮；
  中国的世界语运动，
  遇到了前所未有的伟大的时代！

  在五年以前，中国的世界语运动，
  就已跳出了"中立主义"的坟墓而获得新生，
  它高举着"为民族解放而世界语"的旗帜，
  它为反抗国际强盗杀人的毒手而战斗！
  世界语，它成为了前进的国际主义者言语的桥梁，
  它成为了千百万奴隶大众的传声筒，
  它成为了全世界弱小民族互相联络团结的工具；
  在今天，它更成为了国际宣传锋利的武器，
  它是东方的呼声，它是中国的怒吼，
  它要用伟大的言语
  给日本法西斯强盗以有力的回答！

---

① 王仲方：《延安风情画——一个"三八式"老人的情思》，中国青年出版社，2010年1月版，第94—95页。

在北国之熊的苏联,
世界语正在宣泄着友邦人士的义愤。
在澳洲,无数的"工人世界语者"正在伸着粗大的手,
阻止澳洲的铁输送到日本去。
在美利坚,在墨西哥,在英吉利,
在人民阵线的法兰西,
世界语正在播送着爱好和平者的决议。
还有,在西班牙,在火中的西班牙,
在这吐出血红的舌头的西班牙,
世界语者麦达将军正在挥动着庞大的军团,
上万的世界语同志正在以鲜血换取最后的胜利,
世界语运动已昂然地走到田间,
踏进工厂,爬入壕沟。
法朗哥[①],这奴才,这法西斯忠实的走狗,
让世界语咒诅他!咒诅他!
让世界语汇成巨大的声浪,淹死他!淹死他!
只有在德国,在波兰,在日本,在意大利,
世界语却还在窒息着,在啜泣着,在窃窃私语着。
不!在不久的将来,它必然地会焕发出洪大的音响,
这声音将压倒一切——
压倒一切的野蛮制度!压倒一切的专制魔王!

在我们的延安,
在我们这抗战重要根据地的边区,
世界语虽还在咿呀学语,
但世界语运动却正在飞速地成长着。

---

① 法郎哥(1892—1975),曾任西班牙陆军参谋长。1936年7月发动武装叛乱,后夺取政权,并在西班牙建立法西斯统治。

在这里，世界语要颂赞民族革命的伟业；

在这里，世界语要喊出全国受难同胞的痛苦；

在这里，世界语要曲曲传出——

边区政府工作的热情，民众斗争的坚决，

要鼓励后方战士上前线；

在这里，世界语要和全中国全世界英勇反抗者的心弦共鸣；

在这里，世界语要和全世界弱小民族与被压迫大众的呼声合流；

它要这样地叫出：

"钟响了！伟大的时代业已来到！

全世界进步的世界语者联合起来呀！

全世界弱小民族联合起来呀！

全世界被压迫大众联合起来呀！

保卫中国！保卫西班牙！保卫苏联！

巩固和扩大抗日民族统一战线！

打倒日本法西斯强盗！

中华民族解放万岁！"[①]

延安世界语者协会成立后，先后在文协、鲁艺、边区医院等处开设了各类讲习班、研究班，并向世界学联提供相关材料，介绍中国共产党的抗战主张，还经常和国内外世界语团体保持通信联系。与此同时，在延安还进行了广泛的宣传。如在民众教育馆办了世界语墙报；在鲁迅艺术学院举行专题演讲；在文协研究部举办"世界语与抗战"讨论会；向各学校、机关、图书馆以及光华书店赠送、代购世界语书籍，编写世界语读物。每逢纪念日或举行群众大会，在延安的大街小巷也常可看到协会的各种世界语标语。

当时在延安鲁迅小学工作的辛敏描述了世界语初级讲习班开课的情景：

[①] 徐雉：《延安世界语者协会成立大会宣言》，《新中华报》1938年5月10日，第4版。

鲁迅小学到了。（有一班世界语初级讲习班假鲁迅小学教室上课）能容六七十人的大教室，已经坐得满满的。看去，不是陕北公学的学员，便是抗日军政大学的和速记训练班等校的学员。各机关的工作人员很少，这是因为延安世界语者协会另外还同时开设了一个机关工作人员的世界语初级讲习班，由李又然同志担任教授，而这一个乃是各学校人员的讲习班。此外还有世界语读报会，中级班和研究班，由徐雉、徐敬五二同志担任。

练习本、钢笔都在桌上准备好了，只是等候着教员一人了。这时所有在座的人的视线，自然而然地分向两边窗外引颈遥望。

教员跨着大步走来了，是边区文化界救亡协会会员王一夫同志，一登台便讲：

Esperanto——国际辅助语，中国人把它翻译成世界语——是波兰人眼科医士——柴门霍夫创造的，（1887年）他认为当时民族间的隔阂，是由于语言不同，从而生出了人类自相残杀的罪恶——残暴的战争时常发生。为了融合民族间的感情，消灭人类间存在着的仇恨，他便综合了西方各民族语的长处，创造了Esperanto这种科学化的语文……

现在开始学习字母，共二十八个，属拉丁语系的。

A, b, c……

读了两三遍，接着就是拼音，就是世界语的"打倒日本帝国主义！巩固和扩大抗日民族统一战线！保卫边区，保卫全中国！"等抗战宣传有力的短句。

下午一时至三时两点钟过去了，教员宣布下课，每个人都是笑嘻嘻的，嘴里谈论着世界语在抗战中的重要性，并说决心要与学校里政治军事的学习一样，要用战斗的精神来完成这两个月的初级世界语学习计划！[①]

随着延安世界语者协会活动的不断开展，其影响力也在不断扩大。据延安《新中华报》报道说山西石楼、吉县，榆林神木等地的不少人纷纷来

[①] 辛敏：《世界语初级讲习班开课的一天》，艾思奇：《五月的延安》，读书生活出版社，1939年5月版，第176—177页。

信要求加入协会,或者索要资料。最近中国世界语协会在世界语国际宣传刊物《东方呼声》第5、6期合刊上发表了一篇文章,题为《抗战中的中国世界语运动》,特别标明"尤其是在肤施①和长沙"世界语运动有着重大的发展,②由此可看出延安所开展的世界语活动的影响力!

---

① 延安曾叫肤施。
② 文克:《延安世界语运动现状》,《新中华报》1938年8月20日,第4版。

> 卫立煌回来后一连好多个夜晚和我谈延安印象，谈论他对于毛主席的敬佩，谈论延安的盛大欢迎和他在抗大里的演讲，谈论全国青年包括我们亲眼看见的步行千里而来的四川青年，历尽艰难投奔延安，比当年有志青年进黄埔更胜一筹。……他甚至感叹道："要想战胜日本，救中国，恐怕只有学延安的方法。"

毛泽东会见卫立煌

1938年4月16日，古城延安到处都是醒目的标语和旗帜，凡是走到城门口的每个人，都会意识到延安又有重要的活动了。是的，4月17日，延安即将迎来两件重要的事情：一是要迎接国民政府第二战区副司令长官卫立煌将军；二是陕甘宁边区第一次工人代表大会要开幕了。

迎接卫立煌将军在当时是一件政治上具有重要意义的事件。在日军发动全面侵华战争之后，为了一致对外，共同抗击侵略者，在中国

1938年4月17日，毛泽东与第二战区副司令长官卫立煌将军合影

延安 1938

共产党的倡导下，中国共产党与国民党以及全国各党派团体结成了广泛的抗日民族统一战线，共产党领导的工农红军也改编为国民革命第八路

延安城内中央大礼堂（即浸信会基督教堂）

军（后为国民革命第十八集团军），朱德担任总司令，彭德怀任副总司令。也因此，卫立煌所在的第二战区在当时被称为"友军"，中国共产党所领导的八路军以及陕甘宁、晋察冀抗日根据地对他们也多有协助。

4月中旬，延安方面获知卫立煌要途经延安，立即进行了认真的接待准备工作。根据中央军委的要求，接待一是要隆重，二是规格要高，因为卫立煌是第一个来延安的战区司令长官一级的高级将领。

为了迎接卫立煌一行，当时找了延安城最好的房子——浸信会基督教堂，作为卫将军的下榻之处。这座教堂坐北朝南，砖瓦结构，内有地板，装饰考究。与此同时，又将延安最好的饭馆——机关合作社，搬到了教堂对面路南的中央组织部招待所。

一番奔忙，一切准备就绪，只等卫立煌一行的到来。

卫立煌是什么人呢？

卫立煌，安徽合肥人。在国民党治理区域，蒋介石以其将领名字命名县名的，只有两例，一个是"经扶县"（原河南新集镇，今河南新县），即以刘峙（字经扶）的名字命名；另一个就是以卫立煌名字命名的"立煌县"（今安徽金寨县）。从中可窥见卫立煌在蒋介石心目中的地位。

全面抗战爆发后，蒋介石任命卫立煌为第二战区副司令长官、二战区前敌总指挥，令其率嫡系部队十四集团军开进山西。这样一来，由卫立煌

指挥的中央军及其他省份的杂牌军，先后达20万兵力。在艰苦的对日鏖战中，卫立煌也得到了中国共产党领导下的八路军的支持与配合，特别是通过八路军浴血奋战取得的对日军的平型关大捷，使卫立煌重新认识了共产党、八路军。

西北战地服务团

1938年1月31日（农历春节），卫立煌等人专程到第十八集团军总司令部向八路军领导人朱德、彭德怀拜年。总司令部为此召开了隆重的欢迎会，朱德在会上致了辞。会后由西北战地服务团演出了反映抗日内容的文艺节目。卫立煌看后非常欣赏，表示在自己部队里也要组织一个战地服务团，作为学习八路军经验的第一步，还要求朱德给他介绍一些人才。朱德欣然同意。①

1938年2月，日军纠集10余万兵力，由太原南下，企图一举攻占山西南部，达到占领整个山西省的目的。卫立煌把他率领的主力部队安排在太岳山区的韩信岭一带，采取阵地战的方法，进行忻口战役之后的第二次阻击战。韩信岭战役进行了十来天，日军正面攻不破卫将军所设的防线，就采取大迂回的办法，从冀南攻入晋东南，继而直扑风陵渡，形成南北包围卫立煌所指挥部队的态势。

卫立煌命令部下化整为零突围，十几个师分成好几路，分别冲出包围

---

① 中共中央文献研究室编：《朱德年谱》，人民出版社，1986年12月版，第183页。

圈,到晋南中条山一带集结。而卫立煌本人和他的总指挥部却遭到日军的阻拦,没能随军突围出去,不得不转移到晋西黄河边上的永和县。4月,卫立煌一行西渡黄河。

延安方面得到卫立煌一行由延水关出发,经延川向着延安而来的消息后,立即行动起来。延安城东门外,部队、机关、学校和各界群众队伍,浩浩荡荡,夹道排列。大小标语,处处可见,一看就是在欢迎重要的客人。

4月17日下午1时左右,卫立煌的车队来了。前面是两辆黑色小汽车,后面依次跟着十几辆大卡车。卡车上载着总指挥部的工作人员、一个警卫营和一个新成立的战地工作团。卡车队没有停留,沿公路直接向南开去,而两辆黑色小车则停了下来。

卫立煌将军从第一辆车里出来。他中等身材,气宇轩昂。消瘦的脸庞略显战场硝烟的痕迹,上唇留一撮黑胡髭,双目炯炯,给人以果敢、干练的印象。随同他的有参谋长兼第九军军长郭寄峤、副参谋长文朝籍、交际副官罗香山。

从第二辆小车里走下来的是参谋杜凤翥、秘书赵荣声、随从副官张学诚以及卫兵。

十八集团军参谋长滕代远、陕甘宁边区留守兵团司令萧劲光、边区政府副主席高自立等热情地向前迎接。

欢迎队伍也立刻响起了震耳欲聋的锣鼓声、唢呐声、口号声:

卫副司令长官在前方抗战有功!

打倒日本帝国主义!

这真挚、热烈、隆重的场面,深深感动了卫立煌将军及其随行。

毛泽东当天在凤凰山麓接见了卫立煌将军一行,并设宴隆重招待。交谈中,毛泽东分析了日军的动向,指出目前山西抗战很重要,拖住了日军的"尾巴",还谈到了国共双方合作的重要性以及反对投降主义等问题。[1]

---

[1] 中共中央文献研究室编:《毛泽东年谱》中卷,中央文献出版社,2002年8月版,第64页。

在与卫立煌的交流中，毛泽东谈锋极健，首先谈到国共合作的重要性，继而谈到反对投降主义的问题。他认为目前国际和国内均有投降主义在活动，这是一种很大的危险，他们绝不能忽视，必须把片面抗战转变为全面抗战。

话题一转，毛泽东针对日军的动向做了全面分析。他认为目前在山西的抗战非常重要，他说：如果不是我们大家都在山西拖住日军的尾巴，日军从风陵渡渡过黄河，夺取潼关，掐断陇海线，就会截断中国和苏联的国际路线，进一步压迫中国投降。根据我们的判断，最近日军很可能要进占徐州……卫立煌听后极感钦佩。

毛泽东接着谈到八路军深入敌后，尚存在很多困难，最突出的是弹药消耗很大，特别是医药卫生器材缺乏，希望卫立煌能帮助呼吁解决。卫立煌表示一定帮助解决这些问题。

中午，毛泽东专门设宴招待卫立煌一行。边区交际处把延安当时所能找到的最好的饭菜全部端上宴席。卫立煌虽然高官厚禄，往日不乏山珍海味，但自入晋以来，与日军连连苦战，已久不尝佳肴了，在延安见到这么丰盛的饭菜，非常高兴。宴席上，大家谈笑风生，十分融洽。

当天晚上，延安举行了盛大而隆重的欢迎卫立煌将军的晚会，延安鲁艺的师生表演了精彩的文艺节目。晚会开到很晚才散。① 卫立煌一行回到基督教堂，正要就寝，边区交际处工作人员又送上夜餐，有白面馒头、大米稀饭，还有红色的广东香肠。这使卫立煌感动不已，感到延安对他的欢迎是诚心诚意的。

卫立煌原打算第二天一早就走，现在又改变主意了，打算多停留一天，参观抗大和其他地方。

第二天(4月18日)上午，滕代远参谋长、萧劲光司令员、罗瑞卿副校长陪同卫立煌将军参观抗大，卫立煌还给抗大学员做了热情洋溢的讲话。

4月19日，卫立煌一行离开延安。

---

① 《卫立煌将军道经延安各界举行盛大欢迎晚会》，《新中华报》1938年4月20日，第2版。

延安之行不久,卫立煌以第二战区副司令长官的名义拨给了八路军一批步枪,以及上百万发子弹和手榴弹等军用物资。[1]

曾担任卫立煌秘书的赵荣声后来回忆:

卫立煌回来后一连好多个夜晚和我谈延安印象,谈论他对于毛主席的敬佩,谈论延安的盛大欢迎和他在抗大里的演讲,谈论全国青年包括我们亲眼看见的步行千里而来的四川青年,历尽艰难投奔延安,比当年有志青年进黄埔更胜一筹。无疑地,可以看出这个国民党上将在思想上已经发生变化,认清延安确实有一股朝气。他甚至感叹道:"要想战胜日本,救中国,恐怕只有学延安的方法。"

有一次,他公开当着他的司令部中的高级官员们对刘毓珩和我说:"你们工作团可以找些抗大的学生来,把延安艰苦奋斗的作风带来有什么不好?"自此以后,卫立煌对于延安出版的书籍杂志看得多些了,不只是看看标题,而且翻阅一部分文章。最突出的一件事就是叫我陪他细读七月七日发表的毛泽东同志的名著《论持久战》。[2]

---

[1] 金城:《延安交际处回忆录》,中国青年出版社,1985年10月版,第37页。以上关于卫立煌在延安的活动细节,主要参照该书所记录的相关回忆内容。

[2] 赵荣声:《回忆卫立煌先生》,文史资料出版社,1985年1月版,第93页。

> 会场设在延安城内大礼堂。在那高耸的钟楼上悬着"陕甘宁边区第一次工人代表大会"几个字。会场内外,挂着由全国各地送来的祝词,大约有一百幅光景。

工人的代表大会

1938年4月16日,古城延安阳光和煦,春暖花开。延安城内的每个角落,布满了醒目的标语和旗帜——边区工人第一次代表大会就要开幕了!

4月17日,是大会开幕的日子。

三天后出版的延安《新中华报》翔实地描述了大会开幕的盛况:

……会场设在延安城内大礼堂。在那高耸的钟楼上悬着"陕甘宁边区第一次工人代表大会"几个字。会场内外,挂着由全国各地送来的祝词,大约有一百幅光景,在这里我们只能选录一小部分,以示全国各界对大会暨边区工人运动认识的一斑:

"团结抗战"(中共中央赠),

"动员劳工参加抗战"(中

《新中华报》报道陕甘宁边区第一次工人代表大会开幕

陕甘宁边区农具厂的工人在化铁翻砂

国国民党肤施县党部赠)、"抗战砥柱"(八十六师师长高双成赠)、"公众呼声"(西京服装工会赠)、"普及并统一工人组织坚持抗战到底"(边区政府赠)、"劳工神圣"(军政部防疫大队赠)、"民族解放的生力军"(香港海员工会赠)、"抗日先锋"(同蒲铁路总工会赠)。除了各式各样的祝词以外,在讲台前还挂着世界革命和中国革命的领袖们——列宁、孙中山、斯大林、蒋委员长、毛泽东、朱德等的像。把一个简陋的会场,布置得异常堂皇,庄严。①

事实上,这次会议已经筹备了很久。只是因为边区抗战形势紧张,同时也为了使筹备工作更为完善,才在这一天正式召开了代表大会。在大会通过的《陕甘宁边区第一次工人代表大会宣言》中,对工人代表大会筹备召开的目的进行了说明:

边区是全国抗战根据地之一,是全国抗战的坚强堡垒之一。同时也是日本帝国主义法西斯强盗第二期侵略计划中所要夺取的目标之一。目前日寇进攻边区的计划虽然因为全国各战线抗战的胜利,八路军以及其他部队坚持华北的游击战争,全边区军民的紧急动员和坚决抗战,遭受了打击,不能实现,但日寇进攻边区的计划和它要吞灭全中国的计划,同样是不会放弃的,除非我们把它赶出中国去。因此大会号召全边区工友,继续并加强抗战紧急动员工作,坚决保卫边区,保卫我们父母兄弟亲戚朋友所居住

---

① 《陕甘宁边区第一次工人代表大会开幕》,《新中华报》1938年4月20日,第2版。

的安乐家乡。①

也因此,一个团结广大工人并组织工人开展抗战救国运动的机构就应运而生了。

大会是在下午两点开始的,一阵热闹的爆竹声中,隆重而热烈的开幕式揭开了序幕。②

参会代表和嘉宾有300多人。会议代表226人,不但边区各县各区均推选代表参加,香港海员工会、码头工会、粤汉铁路、同蒲铁路、郑州豫丰纱厂工人生活维持会等工人团体的代表也来参加。③

大会主席管瑞才宣布开会后,由边区总工会的毛齐华报告大会筹备经过,并通过了大会组织条例及议事日程。根据议事日程,预定大会日期为7天,提交大会讨论的议题涵盖了目前形势、工人在抗战期间的任务、普及和统一全国工人运动,以及边区工人的任务等。其次,大会根据组织条例,通过了名誉主席团和17人的大会主席团,推举毛齐华为起草委员会主任,郑义为宣传委员会主任,管瑞才为审查委员会主任,刘程云为秘书处主任。李富春、杨松、曹力如、成仿吾,以及国民党肤施县党部代表、边区妇联代表、马来亚华侨代表、香港海员工会代表等分别发表了演说。最后由工人代表上台致答词。

大会还收到了许多从全国各地寄来的贺电与信件,其中最有意义的是第八路军总司令朱德将军及其所率领的一部分指战员从石家庄送来的一封贺电。贺电写道:

我们已经占领了河北省的石门,我们用这一抗战的新胜利来庆祝你们的大会成功!④

全体代表当即热烈鼓掌起来!在长时间的鼓掌之后,主席团提议,请全体代表起立,静默三分钟,向上海及其他被敌人占领区域里的被害工友

---

① 《陕甘宁边区第一次工人代表大会宣言》,《新中华报》1938年4月25日,第3版。
②④ 《陕甘宁边区第一次工人代表大会开幕》,《新中华报》1938年4月20日,第2版。
③ 《陕甘宁边区第一次工人代表大会经过》,《新中华报》1938年4月25日,第3版。

志哀!

当天的大会还通过了致全世界工人、全国工人抗敌总会、第八路军全体将士等7个通电。会议散场时,红霞正照耀着延安城内高耸的钟楼,欢乐的气氛继续包围着参会代表。每个代表的嘴里还哼着愉快的歌调:

> 我们的生活好似一朵鲜花,
> 在民主政府的滋润下……
> 我们要发展全国的民主,
> 让鲜花开遍了中华。
> ……生活好像一支奔流,
> 在全国抗战的浪潮里……
> 我们要坚持全国的抗战到胜利的明天……①

大会第二天,由中共北方局书记刘少奇报告目前抗战形势,中国工人阶级在抗战中的任务,中国工人阶级在抗战中的活跃与动员、普及与统一,职工运动及在各国不同区域的工人运动等问题。第三日分组讨论刘少奇同志的报告及大会讨论并做结论。第四日由毛齐华报告目前边区抗战形势与总的任务,边区工人在工会领导下对抗战工作的总结与检讨,以及今后的任务。当天晚上还举行了晚会,晚会上,毛泽东为代表们做了依靠全国抗日民族统一战线打败日本帝国主义的演讲。第五日先后采取分组和大会讨论的方式,讨论毛齐华所做的工作报告。第六日讨论了大会决议,讨论通过了总工会、农业工会、手工业工会组织章程以及各地代表的提案。第七日上午选举总工会的执行委员会,下午组织与会代表参观。大会于23日正式闭幕。②

大会通过了边区总工会、农业工会、手工业工会的章程,通过了抗战时期边区总工会工作纲领及文化教育工作方案,大会同时还通过了边区总工会正式加入中国工人抗敌总会及各地代表所提出的许多重要议案。最后,

---

① 《陕甘宁边区第一次工人代表大会开幕》,《新中华报》1938年4月20日,第2版。
② 《陕甘宁边区第一次工人代表大会经过》,《新中华报》1938年4月25日,第3版。

民主选举了执行委员 37 人，候补执行委员 9 人。4 月 24 日，第一次执委会召开，推选毛齐华、管瑞才、郑义、刘程云、刘子载、高长久、李子厚、白文生、张如洲为常务委员，并推定毛齐华、管瑞才为正副主任。边区总工会由此正式建立。①

1938 年 4 月 25 日，《新中华报》第 3 版介绍边区第一次工人代表大会的成就

在 4 月 23 日的闭幕会上，还发表了《陕甘宁边区第一次工人代表大会宣言》。《宣言》指出，全边区各级工会在保卫边区争取全国抗战的最后胜利的总的任务之下，必须努力实现下列工作：

一、广泛地发动工人参加自卫军，组织游击队，训练边区工人军事知识和技能，开展抗日游击战争。

二、动员全边区工人积极参加政府及抗日军队的一切抗日工作，并选举积极的工人干部送交政府及抗日军队分配工作，以便上下一致地协同动作击退日寇。

三、领导农业工人并协助农民改善农业生产，发展农村经济，协助农民组织与武装。提高农民的民族意识与抗战积极性。

四、动员工人积极进行肃清汉奸，巩固后方。

五、提高工人劳动热忱，改良生产技术，提高生产效率和质量，积极参加边区战时经济建设，发展国防工业。

六、广泛开展边区工人生产合作运动。

七、实施国际的职工教育，普及抗战知识，提高边区工人的政治觉悟

---

① 《边区第一次工人代表大会的成就》，《新中华报》1938 年 4 月 25 日，第 3 版。

和文化水平，消灭文盲。

八、改良边区工人生活，加强劳动保护工作组织和安插因战事失业的工人参加抗战工作。

九、关于劳资争议，工会应采取适当的方法使之合理地解决，俾能集中力量共同抗日。

十、普遍地建立和健全工会的组织，吸收边区全体工人参加工会，发展工会，主张提拔和培养干部，使之积极参加工会工作，使边区工会成为全国工人统一组织的一个坚强的专门部分。①

延安兵工厂工人在生产

《宣言》最后表示，相信只要中国工人团结起来，只要全中国人民团结统一起来，中国的抗战一定会取得最后的胜利，独立自由幸福的新中国一定会迅速实现。同时相信，只要全世界无产阶级的统一战线一天天地巩固和扩大，世界的和平民主与文明就一天天更有保障，国际法西斯强盗就会很快地滚出世界以外去，全世界人类的光明日子就会迅速地到来。

《新中华报》在总结边区工人代表大会的意义时指出：这次大会，不但对于目前的抗战紧急动员，保卫边区，保卫西北，保卫全中国具有重大的意义，同时对于巩固与扩大抗日民族统一战线，尤其是对于普及与统一全国工人运动，具有促进与推动的作用。②

---

① 《陕甘宁边区第一次工人代表大会宣言》，《新中华报》1938年4月25日，第3—4版。
② 《陕甘宁边区第一次工人代表大会经过》，《新中华报》1938年4月25日，第3版。

与陕甘宁边区第一次工人代表大会相关的，还有一段文坛佳话。

时任陕甘宁边区文协负责人、著名诗人柯仲平 1938 年五一节前夜创作完成了长篇叙事诗《边区自卫军》，反映抗战时期在党的领导下边区群众的斗争故事。作者在题记中写道：

这是在边区工人第一次代表大会上听来的故事，后来，把这故事详细告诉我的，是工人代表林光辉同志。

这诗写后，曾得到一位同志的最崇高的鼓励。我除深致感谢外，以后必然是更加努力的。

我们的文艺方向是抗战的，民族的，大众的。这方向统一着我们文艺作品的内容与形式。我们正往这方向前进。

这诗，可以用民间的歌调唱。

我愿将此诗献给我们边区的自卫军。同时也愿献给各地自卫军。①

柯仲平这里所说的"一位同志"就是毛泽东。毛泽东是在一次晚会上听到柯仲平诵读的这首诗作。由于诗歌太长，又是冬天，很多人都坚持不下来走掉了，毛泽东则坚持听到了最后，后来还要来诗稿，并批下 8 个字：此诗甚好，赶快发表。

很快，《边区自卫军》这首长诗就在中共中央理论刊物《解放》周刊第 41、42 期上全文刊载。

---

① 柯仲平：《边区自卫军》，《解放》第 41 期。

> 又一阵热烈的持久的掌声之后,大家熟悉的清朗的声音,开始在空气中激荡,传送到每个人的耳朵。大家发现毛泽东今晚好像特别年轻,也许因为这是一个青年集会吧!

五四晚会

延安女子大学的学员在排练节目

中共中央进驻延安后,大批爱国知识青年纷纷来到延安。与此相伴的,是延安的晚会已经成为延安生活中的组成部分,不仅为这个曾经荒蛮的小城增添了文化气息,活跃了大家的文化生活,也为来自全国各地素不相识的人们提供了交流的场所。而延安的晚会还有一项任务,就是利用这个群众集会的平台举办各种欢迎会、欢送会、时事报告、工作动员等,也就是说,延安的晚会已经作为工作活动的重要载体了,并不是一般意义上所理解的只是单纯的文艺晚会、仅仅是表演文艺节目。当然，延安的晚会，往往会伴随有文艺节目，但这就是前面的工作完成之后的事了。

1938年延安的五四晚会，就是这方面的典型例子。

晚会照例是在热闹的拉歌声中开始的。①

5月4日晚上的纪念五四青年节晚会由抗大的民先队召集，参加晚会的人员以抗大、陕公、鲁迅艺术学院、鲁迅小学、陕北自卫军等单位的青年学生为主，同时也有有关方面的负责同志。

晚会开始前，鲁迅艺术学院的学员率先以"起来，同胞们……起来和鬼子们拼"的歌声拉开了晚会的序幕，紧接着，坐在会场东角上不知是哪个单位的学员首先响应，也合唱了一首歌。由此开始了晚会前的拉歌比赛，会场上空被一阵紧接一阵的歌声所充盈。

经过了一阵阵歌声的海洋之后，大会主席宣布开会。首先由到会的相关方面领导发表演讲。

第一个讲演者是担任中共中央组织部副部长的李富春，他中等的个子，严肃的神情，在煤气灯光映照下，显得特别庄严：

时任中共中央组织部副部长李富春

> 五四运动，不是偶然产生的，是有它的历史根源作依据的，五四以前，帝国主义者，尤其是日本帝国主义者，都正在进行着对中国的

---

① 本节主要参考文献为萧伟：《活跃的五四》以及魏荣章：《毛主席在五四晚会上》，均选自《五月的延安》，读书生活出版社，1939年5月版，第8—11页、146—147页。另外也参考《毛泽东年谱》等相关文献。以下为行文方便，不再在文中单独标明出处。

掠夺。……

日本帝国主义者找到大战这个机会，加紧地向中国侵略，使中国迅速地走上殖民地的道路。……所以五四是以反对日本帝国主义者发动起来的……今天来纪念五四，要集中我们的力量……打倒日本帝国主义。……

沉重而悲壮的词句，像炸药一般，在每个人心里爆发。

接着，担任西北青年救国联合会主任同时也是安吴青训班主任的冯文彬发表演讲。冯文彬的演讲刚刚开始，突然被一阵热烈的掌声打断了。原来，是毛泽东从会场的西角走来了！大家看到作为中共领导人的毛泽东也来参加他们的晚会，不禁热烈地表示着欢迎。事实上，这也是延安的每次集会时，参会者对于光临活动的领袖所表示的最高的敬意。毛泽东看到冯文彬正在台上发表演讲，赶忙微笑着举手向大家示意，请大家先安静下来。

冯文彬结束了演讲之后，大会主席在台上一句"现在欢迎毛主席演讲！"又引来了大家的一阵掌声，似乎比先前一次还要响亮。

热烈的掌声中，毛泽东走上讲台。参加晚会的每个人心头都生出一种喜悦，大家抻着脖子，瞪着眼睛，竖起耳朵，挺直身子，静候着毛泽东的讲话。小笔记簿已经展开在每个人的膝头，自来水笔也握在每个人的手里，准备着记录。

又一阵热烈的持久的掌声之后，大家熟悉的清朗的声音，开始在空气中激荡，传进每个人的耳朵。大家发现毛泽东今晚好像特别年轻，也许因为这是一个青年集会吧！

毛泽东身上穿着一套灰布军服，头戴一顶蓝布的军帽，他的讲话如同朴素的装束一样，活泼而有力，幽默而生动，简单而明了。毛泽东说：

我们的中国，是一个老中国，旧的不合时宜的中国，我们要把他变为新的现代的中国。

新中国是没有帝国主义者的压迫，没有封建军阀的榨取，是一个独立的自由的幸福的新中国，我们要有伟大的热忱，为实现新中国而斗争。

中国历次的革命斗争只有一个目标，就是建设新中国。这个新中国是独立的，自由的，幸福的。……

五四运动也就是为了这个新中国而斗争的一个运动，它主要的领导者就是一辈子打先锋的青年。所以在今天这个伟大的革命斗争中，青年们应该担负起这些打先锋的任务来。

毛泽东在做报告

热烈的掌声淹没了毛泽东的声音，每个人的眼前似乎都展开了一幅新中国的美丽画卷，那里没有榨取，没有饥饿，没有人压迫人的苦痛，只有和平与幸福，光明与美丽。

今天到会的青年们要把握住最高的理想，最进步的理想。而且要怎样去完成这理想，实现这理想。理想没有完成，我们决不放松，决不停留我们的工作。

毛泽东接着说：

我们要到农民中去，到工人中去，组织群众，发动群众，拿群众的力量去反对去粉碎日本帝国主义！

每个人的肩头像扛上了一块石头，重重的，使人感觉到自己任务的重大。光明的园地虽然就在前面，然而那不能以幻想而取得，并且那也是需要无数的流血斗争才能换得的。毛泽东理一理他的头发，稍停一会儿，用手指划了一下又说：

一个革命的过程，常常是曲线的而不是直线的，是一个长的艰巨的道路，打日本也是一个长的艰苦的道路。假使有人要问这个战争几时会结束，

延安1938

那我们可问一问日本人,他要一年我们就给他一年,他要三年就给他三年,要十年就给他十年,直到他说不能再要了,那就是战争结束的时候到了……

这雄壮的豪语给了人无限的兴奋,表达这兴奋的是一片掌声的爆发。毛泽东用他那一贯蔑视困难的胸怀给了在座的人不畏艰难的勇气,大家心中暗下决心,誓与日军周旋到底。日军,这头疯狂奔跑的野牛,不管撒野到何时,终将被我们拖着它的尾巴,狠狠地摔倒在地。

毛泽东在再一次的掌声停止后,用幽默的语调说着:

我们在这个革命过程中,在这个对日抗战中,要来一个革命的竞赛,每个人都要保证他不开小差,谁能不开小差,谁就是一条好汉!

毛泽东随之竖起大拇指,向大家高举着。在座的人一下子都笑了,会意的笑声传遍了会场的每个角落。毛泽东在演讲中用竞赛的方式号召大家来打倒这个东洋强盗。"谁不开小差,谁就是好汉!"一句话就增加了人们不少的勇气。

在对大家的勉励中,毛泽东结束了他的演讲。又是一阵热烈的掌声,长达几分钟的掌声似乎是在回答毛泽东:我们是决不会"开小差"的!演讲过后,开始了晚会的第二阶段,文艺表演开始了。

首先是陕北公学的化装表演。由于条件的限制,虽然灯光有些暗淡,舞台也有些破败,与正规的剧院简直不可比,但是演员们用生动的剧情、认真的表演,吸引了在座观众们的每一颗心、每一束眼光。

演出的内容是关于边区义勇军的故事:由于缺乏警觉性,一位义勇军的领导受到躲藏在边区的汉奸的蒙蔽,使事业受到了损失。在后来的斗争中他逐步认清了汉奸的本质,并识破了汉奸的挑拨离间,把隐藏在队伍中的汉奸挖了出来。舞台演出的最后,他诚恳地向战士们检讨他的错误,并真诚地流出泪来。

这种与当时斗争环境非常契合的故事,深深打动了台下观众的心。不知是谁,首先带领大家高呼:团结起来,打倒汉奸走狗!

接着是抗大、鲁迅艺术学院等单位表演节目。演出内容也都是围绕着抗战中可歌可泣的史实，以及革命者英勇牺牲的故事。随着演出的进行，会场里不时响起阵阵掌声和欢呼声。

晚会在大家的不舍中结束了。虽然外边还刮着风，但大家丝毫未受影响，在脑海中还回荡着晚会中毛泽东等人的演讲词，回放着演员们精彩的表演场面……

> 张国焘不愿意吃小米,他瞧不起陕北这块地方,他把陕北比作鸡肋。……但依我看来,陕北绝不是鸡肋,这里是抗日救国的总根据地,全国革命的大本营。

不辞而别的张国焘

张国焘在延安凤凰山麓

1938年4月7日,时任八路军驻西安办事处党代表的林伯渠向延安报告,张国焘意欲脱党,可能要叛变。

这可不是小事!

张国焘当时的身份是陕甘宁边区政府代主席。

还在中央红军长征之时,时任中央政治局委员、中央军委副主席、红军总政治委员的张国焘就企图分裂中央。后来在中央和广大红军官兵的极力争取下,方于1936年10月9日率红四方面军指挥部到达甘肃会宁,与红一方面军会合。1937年3月,已经把中国革命大本营放在陕北的中共中央政治局在延安召开扩大会议,做出了《关于张国焘同志错误的决议》,并指出其错误的性质和危害。张国焘在会上承认了错误,并在4月6日写了《我的错误》的声明,表示以后绝对忠实于中央的路线。中央决定再次给他认识和改正错误的机会，对他的问题组织上也没有做结论。

1937年秋，中共中央任命张国焘为陕甘宁边区政府副主席。因边区政府主席林伯渠当时受中共中央委派协助周恩来与国民党进行谈判，故边区政府的日常工作暂由张国焘代理。

1938年4月4日，是国共双方共同祭拜黄帝陵的日子，这也是全面抗战以来国共双方的首次共同祭拜。张国焘以陕甘宁边区代主席身份前往参加祭拜活动，在黄帝陵前见到了国民党西安行营主任蒋鼎文。祭拜完毕，张国焘对护送的人说他到西安有事，请他们先回去，就带了一个警卫员上了国民党方面的汽车扬长而去。

根据1938年4月19日公布的《中央关于开除张国焘党籍的党内报告大纲》①，以及王明、周恩来、秦邦宪答复子健同志的一封公开信(第二部分)②，张国焘脱党的经过大致如下：

1938年4月2日，担任陕甘宁边区政府代主席的张国焘代表中国共产党去黄陵县（当时叫中部县）公祭黄帝陵。与国民党代表、国民党西安行营主任蒋鼎文参加了4月4日的祭祀活动后，张国焘对同行的人谎称他到西安有事，请他们先回去，就带了一个警卫员上了国民党方面的汽车。未经中央允许，自行到了西安，住在国民党的西京招待所，却不住到八路军在西安设立的办事处。直到第三天要乘火车准备去当时国民政府驻地武汉时，张国焘才打电话给当时在西安的林伯渠，要他到车站来谈话。简单的交谈中，张国焘对林伯渠发泄了一通不满，并说他要到武汉去。林伯渠好言相劝，被张拒绝。林伯渠只好回办事处给中央和长江局发报，报告了张国焘的情况。

4月8日早晨，中共长江局收到中央和西安的电报后，周恩来立即与王明、博古、李克农等负责人商量，一定要抢在国民党之前，把张国焘接

---

① 《中央关于开除张国焘党籍的党内报告大纲（1938年4月19日）》，中央档案馆编：《中共中央文件选集》第10册，中央党校出版社，1985年10月版，第498页。
② 《陈绍禹(王明)、周恩来、秦博古(秦邦宪)答复子健同志的一封公开信(第二部分)》，盛仁学编：《张国焘问题研究资料》（内部资料），四川人民出版社，1982年11月版，第104页。

到长江局来。周恩来把这个任务交代给李克农,要他带着机要科长童小鹏、副官丘南章、吴志坚一道去汉口火车站等待张国焘。等到后,张国焘并没有与八路军驻武汉办事处联系的打算,见

中共长江局负责人周恩来(左5)、王明(左3)、博古(左4)等在八路军驻武汉办事处合影

中共长江局设在武汉的八路军办事处

此情形,便坚持要住在外面,坚决不肯去长江局。直到4月12日,周恩来拿着中央的电报到旅馆给张国焘看过,又耐心地劝张国焘到办事处去住,一切都可商量,张国焘还是坚持不肯去。于是14日晚周恩来、王明、博古、李克农又去找张国焘,劝说无效,李克农便半拉半拖把张国焘塞进汽车,一起到了长江局。

到了中共长江局驻地武汉八路军办事处,张国焘电告中共中央:"不辞而别。歉甚,愿在武汉做些工作。"张国焘并提出希望见蒋介石一次。周

恩来等人看到张国焘这种态度，在当时国共合作的背景下，认为他既然给中央发电报表示愿意留在武汉工作，看来还是愿意回到中国共产党党内的，加上张国焘担任陕甘宁边区负责人，在当时国共合作的大背景下他要向国民政府报告边区政府的情况，也没有理由阻拦。于是，周恩来便陪同张国焘16日上午面见蒋介石。张国焘见到蒋就说：兄弟在外糊涂多年。周恩来立即针锋相对地说：你糊涂，我可不糊涂。蒋介石看到这场面，也不好多说，敷衍了几句就结束了接见。

在回办事处时，张国焘又中途逃脱，经办事处同志多方寻找之后，才找到他。但张国焘坚持不回办事处，并态度消极地说：我感到消极，请允许我回江西老家去做老百姓，我家里饭还有得吃。我此后再不过问政治了。周恩来等人还是苦口婆心地动员张国焘回党工作，实在不愿回党工作，也希望他向党请假，暂时找一适当地点，或在国内，或在国外，或到国际去，以便改变其思想。并希望张国焘好好想一想，两天后再答复不迟。

不料谈话后一小时，也就是17号的晚上，张国焘私自跑到太平洋饭店，乘坐国民党派来的汽车，绝尘而去。临行时，张国焘留下一封信，向周恩来等人申明了自己最后脱党的决心，并要求不要再派人找他了。这也就意味着张国焘最终选择脱离了中国共产党。

毛泽东的秘书叶子龙回忆：

1938年春，张国焘的叛逃事件给中共党内造成了很大的震动。

这年清明节前夕，张国焘来到毛泽东住的窑洞，对自己过去所犯的错误，痛哭流涕地进行了检讨，表示一定要痛改前非。谈话将要结束时，张国焘提出准备去中部县祭扫黄帝陵。毛泽东同意了。

谁也没想到，张国焘这次是有预谋的行动，他以祭扫黄帝陵为名，直接跑到西安，然后由国民党人员接应到了武汉，投入了蒋介石的怀抱。虽经周恩来的极力劝说，也未能挽回。

此后，张国焘的妻子找到毛泽东哭鼻子，说是想去武汉劝张国焘回来。毛泽东同意她去，并嘱咐把孩子也带上一起去。

事后，毛泽东说，这是一件丑事，随他去吧。①

1938年4月17日，张国焘声明脱党。4月18日，中共中央做出《关于开除张国焘党籍的决定》，《决定》指出：

张国焘已于四月十七日在武汉自行脱党。……虽经中央采取各种方法促其觉悟，回党工作，但他仍毫无改悔，最后竟以书面声明自行脱党。张国焘这种行动当然不是偶然的，这是张国焘历来机会主义错误的最后发展及其必然结果。中共中央为巩固党内铁的纪律起见，特决定开除其党籍，并予以公布。②

第二天，中共中央发出《中央关于开除张国焘党籍的党内报告大纲》，向全党详细说明张国焘叛党的经过，深刻揭露其历史根源与现实的阶级斗争根源，表明党的立场。

这里还有一个细节是，"党中央于十八日正式开除张国焘的党籍，于二十三日才将开除他的决议公布"③。之所以迟滞至5天后才将决议正式公布，正说明党中央还是希望张国焘在脱党后尚有所反思，甚至再回到党内。如，1938年4月17日，陕甘宁边区第一次工人代表大会通过的名誉主席团名单还有张国焘。遗憾的是，张国焘并不领情。

1938年4月29日，陕甘宁边区政府召开会议，并由边区政府主席林伯渠签发了《陕甘宁边

1938年5月5日，延安《新中华报》第3版刊登的《陕甘宁边区政府命令（第七号）》和《中共中央关于开除张国焘党籍的决定》

---

① 叶子龙口述、温卫东整理：《叶子龙回忆录》，中央文献出版社，2000年10月版，第60页。
② 《中共中央关于开除张国焘党籍的决定（1938年4月18日）》，中央档案馆编：《中共中央文件选集》第10册，中央党校出版社，1985年10月版，第497页。
③ 《陈绍禹（王明）、周恩来、秦博古（秦邦宪）答复子健同志的一封公开信（第二部分）》，盛仁学编：《张国焘问题研究资料》（内部资料），四川人民出版社，1982年11月版，第105页。

区政府命令（第七号）》，做出开除张国焘一切职务的决定：

  本政府执行委员兼代主席张国焘，于本月三日经主席团派往中部谒黄陵时，即弃职潜逃。在此全国抗战紧急关头，张国焘此种行动，实属有违革命利益和革命纪律，特由本政府执行委员会决定开除其本政府执行委员及其一切职务。嗣后凡张国焘一切言论行动本政府概不负责。①

  第七号令与《中共中央关于开除张国焘党籍的决定》同时于1938年5月5日在延安《新中华报》第3版公布。次日，张国焘在武汉发表《张国焘敬告国人书》；在为自己逃跑的行为做出种种辩解之后，还对中国共产党的抗日民族统一战线政策妄加非议，彻底走向了党和人民的反面。

  后来，张国焘在重庆加入戴笠的特务组织"军事委员会调研统计局"（简称"军统"），成了挂着"少将"军衔的"特种政治问题研究室"主任，从共产党的叛徒，变成国民党的特务。后又担任国民党中央组织部"反共设计委员会"委员兼主任秘书，但却并不被重视，不久即辞职。后来担任国民参政会参政员，也无政可参。继而追随国民党到了台湾，同样不受重视，便举家到了香港，后移居加拿大。1979年12月初，于加拿大多伦多一家养老院去世。

  1938年5月下旬的一天，毛泽东给即将从延安赴陕北瓦窑堡办学的抗大一大队三支队学员做报告，重点讲了张国焘叛逃的事。

  毛泽东说：张国焘不愿意吃小米，他瞧不起陕北这块地方，他把陕北比作鸡肋。……但依我看来，陕北绝不是鸡肋，这里是抗日救国的总根据地，全国革命的大本营。②

  从张国焘叛逃事件中，我们再次领会了大浪淘沙的深刻道理。

---

  ①《陕甘宁边区政府命令（第七号）》，《新中华报》1938年5月5日，第3版。
  ②林火：《难忘的教诲》，刘昌亮编：《魂牵梦绕忆延安》，中共党史出版社，1994年2月版，第55页。

延安 1938

> 日本飞机来了，大家或者在窑洞里安静地看书学习，或者跑到山顶晒太阳。一片黄土高原，小日本一个人都看不到，只好随便扔下炸弹就飞走了。

不速之客：日本侵略者的飞机

延安古城

日本侵略者在进犯山西后，曾几次企图突破千里黄河防线，进犯陕西。在1938年3月召开的陕甘宁边区妇联代表大会上，有代表介绍，山西军渡、碛口之敌已经炮击吴堡的宋家川以及黄河对岸。有一次，有一百多人到了神府，很快被我们击退了。①

而日军进犯延安，则是通过飞机的轰炸来实现这一侵略目的的。

---

① 史秀云：《边区妇女第一次代表大会讨论总结》，《新中华报》1938年3月25日，第3版。

1938年的延安城，街道虽然窄小，却是整齐有序的。街道两边商店的招牌的底色都是蓝的，看起来虽不漂亮，却还洁净。①大家安静地在这里生活着。

日军飞机连续轰炸后的延安古城

然而从1938年的11月20日，不期而至的日军飞机对延安的轰炸，不仅打破了古城的平静，给古城建筑带来了灭顶之灾，而且给在这里生活的人们带来了巨大的伤害。

据曾在鲁艺学习的刘梦天回忆：

一九三八年十一月二十日，日本飞机突然轰炸延安城，我们谁也没有精神准备。那天我和周窖同学进城去买东西，他要到新华书店去买书，我要买点日用品。分开后不久，敌机突然袭击，在凤凰山下丢了好几颗炸弹，把城隍庙前的大石狮子炸翻了，房子炸坏不少，街上的行人炸死炸伤几十人。周窖同学正走在新华书店门口，（离城隍庙几十步远）炸弹就撂下来了。②

应该说，日本侵略者选择在这一天轰炸延安是有预谋的。因为这一天是礼拜天，许多人都会利用周末的时间到城里买东西，甚至到街上的小吃店打打牙祭改善生活。还有许多学生则要利用周末到书店买书、看书。后来轰炸所造成的损失也验证了这一点，被炸死炸伤的主要集中在人口稠密的城内繁华地段，包括书店。这一天下午4时，鲁艺的几位教师沙可夫、吕骥、丁里、沃渣、左明察看了延安被炸的情况。发现南门外一带，西北

---

① 何其芳：《我歌唱延安》，何其芳著，蓝棣之编：《何其芳全集》第2集，河北人民出版社，2000年5月版，第40页。原载于《文艺战线》1939年2月16日创刊号。
② 刘蒙天：《延安生活散记》，孙新元、尚德周编：《延安岁月》，陕西人民美术出版社，1985年4月版，第157页。

旅社前后都被炸得很惨。光华书局、组织部、训练班所在地都被轰炸。死四十一人,伤一百多人。①

当时亲历了日军飞机轰炸延安的柳青,在看过三个被炸区域后,记述道:炸得最惨的是西山脚下的光华书店门口——恰恰在门口。你要知道,在平时礼拜日,这是一个最拥挤的地方,直到院内书籍部、文具部、用品部每礼拜日都挤得满满的,门口,那土坡上拥挤不断的,大多数是抗大的、陕公的、艺术学院的学生。当我在那里被炸后去看的时候,那土坡上,院子里横横竖竖地摆着男男女女的残缺的死尸。②

当年11月刚从大后方来到延安的冼星海回忆:

> 我下了汽车之后,当局把我招待到西北旅社(是个最上等的旅社)……几天之后,日本飞机突来轰炸。我刚走出房门要到防空壕去,炸弹在头上丢下来了。我赶忙卧倒,炸弹在我面前炸开,房子都炸倒,我没有被炸死。这次危险受惊不小,他们赶快给我搬家,我就住到北门外的"鲁迅艺术学院"去。③

第二天,日军飞机再一次轰炸延安。由于大家提前做了防范,并且动员城内的人员在天亮前搬到城外,这一次人员损失相对较小,城内的房子、街道则受损严重。④据延安《新中华报》报道,11月20和21两日,敌机

1938年11月30日,《新中华报》第3版报道《敌机两次袭延》

---

① 艾克恩编:《延安文艺运动纪盛》,文化艺术出版社,1987年1月版,第98页。
② 柳青:《空袭延安的二日》,《文艺突击》第4期,第93页。
③ 冼星海:《新环境》,艾克恩主编:《延安艺术家》,陕西人民教育出版社,1992年8月版,第320页。
④ 柳青:《空袭延安的二日》,《文艺突击》第4期,第94页。

共来三十余架，投弹一百五十九枚，死伤共一百五十余人。①

刚刚来到延安的摄影艺术家吴印咸也记述了日军飞机轰炸延安时自己亲身经历的场景：

> 1938年10月1日，经过（袁）牧之对拍摄提纲反复研究定稿后，我们在陕西中部黄帝陵拍下了第一个镜头，从而掀开了中国电影史上崭新的一页。……我们摄制组按计划在延安工作两个月，拍摄延安军民建设、巩固根据地的战斗生活。那时，日本飞机常来骚扰。一次，我和（徐）肖冰刚把摄影机拆开，准备修理，突然空袭开始，一颗炸弹在我们住处不远的地方爆炸了，震塌了我们的房角，我不由得扑到机器上，用身体挡住了瓦砾和砂石。飞机还在天空盘旋，我们便不顾一切地从尘土中爬出来，急忙将机器零件收拢，躲到墙角。②

日军飞机的连续轰炸，给延安古城造成了严重的破坏。当时在安吴青训班工作的黄华回忆道：1938年秋，延安古城被日本飞机轰炸得瓦砾一片，没有一间完好的房子。③ 由于当时延安的主街不过4公里长，于是，边区政府在延安南门外建了新市场，商业活动才重新开始了。鲁艺教师彦涵在北门里亲眼看见两个手挽着手的女青年，倒伏在血泊中。④

正在抗大学习的肖鲁斌讲述道：

> 刚到延安时，一次我们抗大女生队的一些同志于星期天同游古城。我们正想到山崖下的新华书店，忽听警报响起，天空中飞机嗡嗡作响。有人大喊："卧倒！"我在这些日子里已受到过一些军事训练，听到口令，就向前直扑下去，摔倒在街道边。耳边轰的一声巨响，我被震晕过去，当我

---

① 《边区各团体致全国同胞函：反对敌机滥施炸轰延安》，《新中华报》1938年12月20日，第4版。
② 吴印咸：《延安影艺生活录》，艾克恩编：《延安艺术家》，陕西人民教育出版社，1992年8月版，第283页。
③ 黄华：《延安生活》，中共党史出版社编：《延安叙事》，中共党史出版社，2012年2月版，第118页。
④ 彦涵：《木刻刀的魅力》，艾克恩编：《延安艺术家》，陕西人民教育出版社，1992年8月版，第490页。

清醒过来时，发现自己半截身子被埋在砂石尘土堆中，还有血和碎肉。不远处有三四处血水，血中卧着三位抗大同学。循着身后的哭声看去，右后方不到一米的血水中卧着的竟是结婚才一天的同学，他的新婚妻子抱着他血肉模糊的身体嚎啕痛哭。①

日军飞机的野蛮轰炸震动了整个延安，城里的许多居民包括各级机关纷纷迁到城外山沟的窑洞里。边区政府也通过报纸、开会等方式，教给大家一些防空知识，甚至防毒的基本知识。日常生活中，大家也做好了防空袭的准备。有一次，周恩来到陕北公学给全校师生讲话，学校教务处在周恩来面前放了一个凳子、一杯开水。周恩来考虑到若遭敌机空袭，紧急疏散时可能会绊倒群众，便两次搬开了面前的凳子和水杯。②

此后，日军曾多次对延安进行狂轰滥炸。1938年12月15日，延安《新中华报》第2版以《本市又遭轰炸损失甚微 延长亦于十二日被炸》为标题报道了日军对延安的又一轮空袭：

敌机七架十二日第三次来袭延安，本市于上午十时二十五分发出空袭警报，全市人民即往防空司令部所规定的地方隐遮起来，全城像到了深夜一样地沉静下来。敌机于十时四十五分窜入本市上空，高射机枪齐发，敌机仓皇投弹四十余枚逸去。……十四日上午九时四十五分敌机七架又来延轰炸，投弹四五十枚，损伤甚微。

又据延长十三日电话称：敌机七架十二日上午九时许首次轰炸延长，损失甚微。③

日军对延安的空袭虽然将古城夷为平地，造成了居民的伤亡，但并没有摧毁边区军民继续生活的勇气。1938年11月，日军将古城延安炸毁后，边区军民在较为隐蔽的西山（即凤凰山）背后沿山新建了一条南北贯通的

---

① 肖鲁斌：《忆当年延安岁月》，中共上海市委党史研究室编：《口述上海：浦江之畔忆延安》，上海教育出版社，2009年9月版，第281页。
② 刘人寿：《红色熔炉的锤炼》，中共上海市委党史研究室编：《口述上海：浦江之畔忆延安》，上海教育出版社，2009年9月版，第8页。
③《本市又遭轰炸损失甚微 延长亦于十二日被炸》，《新中华报》1938年12月15日，第2版。

位于延安市场沟的新市场

商业街。这条商业街很长，自北门外大砭沟起，到边区政府所在地旁边的巩红沟（后改为市场沟），长约2公里，店铺约几百家。

而在王仲方的记述中，当时大家在掌握了日本飞机轰炸的规律后，也用乐观的态度同日本飞机"开了一个大玩笑"：

> 这场突如其来的轰炸，震动了整个延安，城里的机关连夜迁到城外山沟窑洞里，毛泽东也从城里凤凰山下搬到杨家岭，延安很快就成了一座空城。日军飞机接连轰炸了好几次，人们也知道怎样保护自己，……日本飞机来了，大家或者在窑洞里安静地看书学习，或者跑到山顶晒太阳。一片黄土高原，小日本一个人都看不到，只好随便扔下炸弹就飞走了。
>
> 轰炸对延安的影响不大。延安人是幽默的，日本飞机炸不到延安人，延安人却给日本飞机开了一个大玩笑，每逢日机轰炸后飞走，有些人就赶忙出来拣炸弹皮，装在篮子里到市场卖废铁，因为炸弹的钢铁质量好，延安铁匠铺求之不得，炸弹皮卖了几块钱可以到合作社会餐一顿，真是天上掉下的馅饼，不吃白不吃。我就在山头拣过炸弹皮，灰白发亮的好钢，虽然张着牙却不能舞爪了，乖乖地躺在竹筐子里，看着我们把它卖了美餐一顿。①

在延安鲁艺任教的华君武也回忆起当时溜冰所用的冰刀，就是来自日本侵略者的"贡献"：

> 冬天延河结了冰，就想去溜冰，许多从北京去的学生就想法打冰刀。

---

① 王仲方：《延安风情画——一个"三八式"老人的情思》，中国青年出版社，2010年1月版，第87页。

打冰刀的钢是去找日本帝国主义轰炸延安时的碎弹片，画了样子交给南关铁匠店去打的。没有冰鞋，就把冰刀钉在一块做成像鞋底一样的木板上，再用绑腿捆在布鞋上。①

　　显然，日本侵略者的飞机虽然给延安造成了巨大的损失，但并没有摧毁这里人们的生活、战斗信心。

---

　　① 华君武：《鲁艺美术部生活剪影》，孙新元、尚德周编：《延安岁月》，陕西人民美术出版社，1985年4月版，第128页。

> 抗日战争是持久战,最后胜利是中国的——这就是我们的结论。

影响深远的《论持久战》

早在1936年7月,来到陕北的斯诺在与毛泽东的谈话中,提出"在什么条件下,中国能战胜并消灭日本帝国主义的实力呢""这个战争要延长多久呢""这个战争的前途会要如何发展"①等问题。毛泽东在对国内外各种形势

毛泽东在延安窑洞里写作

进行详尽分析的同时,提出了持久抗战争取胜利的方针。

1937年10月,毛泽东在《中共中央关于目前抗战形势与党的任务的决定》报告中,再次指出:最后胜负要在持久战中去解决。同年10月,英国记者贝特兰也向毛泽东提出"如何克服投降主义"②等问题,毛泽东同

---

① 《毛泽东选集》第2卷,人民出版社,1991年6月,第2版,第443页。
② 《毛泽东选集》第2卷,人民出版社,1991年6月,第2版,第382页。

样给予了详尽的回答,认为要克服失败主义情绪,要向人民群众指出胜利的前途,使他们明白失败和困难的暂时性。

抗战前,在国民党的营垒中一直存在着"亡国论"的思潮。有人说,中国武器不如人,战必败。全国抗战开始后,又有所谓"再战必亡"的论调。国民党亲日派汪精卫集团就是"亡国论"的突出代表。抗战初期,国民党军队在军事上的严重失利,也给某些中间阶层和部分民众带来了悲观失望的情绪。与此同时,又出现了另一种错误思潮即"速胜论"。淞沪会战时,蒋介石集团指望英、法、美等国直接出面干涉。因此,有人武断地认为,中日战争只要打3个月,国际局势一定会发生变化,苏联一定出兵,战争就可以解决。台儿庄战役胜利时,有些人认为徐州会战应是"准决战""是敌人的最后挣扎"。在共产党内虽然没有"亡国论"的市场,但也有的人过于看重国民党二百万正规军的力量,盲目地认为抗战能够速胜。

与持"亡国论"和"速胜论"观点的人不同,在全国抗日阵营中,认识到抗战将是一场持久战的人也有很多,但对如何实行持久抗战,抗日战争究竟如何发展,抗日战争的规律与发展趋势又是如何等,还缺乏冷静深远的思考。

对此做出全面深刻并系统回答的,是中国共产党的领袖毛泽东。

为了阐明中国共产党的全面全民族的抗战路线和持久战的战略总方针,具体指出为什么是持久战,怎样进行持久战,如何争取最后胜利,驳斥"亡国论""速胜论"的滥调,拨开人们思想上存在的迷雾,坚定持久抗战的胜利信心,同时也回答国际朋友们存在的疑虑,毛泽东依据马克思主义辩证唯物论和历史唯物论的基本原理,结合中国抗日战争的实际,总结全面抗战10个月的经验教训,并集中全党的智慧,于1938年5月,发表了《论持久战》这篇重要的军事论著。①

毛泽东首先详尽论述了战争双方的相互矛盾、基本特点,并在此基础上,分析了"亡国论"和"速胜论"观点产生的原因及其错误,进而根据敌我

---

① 军事科学院军事历史研究部:《中国抗日战争史》中卷,解放军出版社,1994年4月版,第52页。

双方互相矛盾着的各种因素,以及这些因素在战争过程中的发展变化,科学预见了中国持久抗战将经历的三个阶段:

《论持久战》部分版本

第一个阶段,是敌之战略进攻、我之战略防御的时期。第二个阶段,是敌之战略保守、我之准备反攻的时期。第三个阶段,是我之战略反攻、敌之战略退却的时期。①

毛泽东着重分析了争取战略相持阶段到来的条件和相持阶段中敌我斗争的形势,指出:"这个第二阶段是整个战争的过渡阶段,也将是最困难的时期,然而它是转变的枢纽。……如能坚持抗战,坚持统一战线和坚持持久战,中国将在此阶段中获得转弱为强的力量。"毛泽东还指出,八路军的战略方针"基本的是游击战,但不放松有利条件下的运动战"。并对战争的能动性、战争与政治、战争防御中的进攻、持久中的速决、内线中的外线,以及运动战、游击战、阵地战等具体问题进行了深入阐述。

在《论持久战》这部军事著作中,毛泽东还以战略家的胸怀和远见卓识,从政治上分析问题、看待军事斗争,提出了"兵民是胜利之本"的精辟论断,认为"武器是战争的重要因素,但不是决定的因素,决定的因素是人不是物""战争的伟力之最深厚的根源,存在于民众之中"。深刻地阐明了人民战争的重要思想。毛泽东最后强调:抗日战争是持久战,最后胜利是中国的——这就是我们的结论。

1938年7月,《论持久战》在延安《解放》周刊发表。随后,又由解放社出版了单行本,毛泽东为该书题词:坚持抗战,坚持统一战线,坚持

---

① 毛泽东:《论持久战》,《毛泽东选集》第2卷,人民出版社,1991年6月,第2版,第439—518页,下引同。

八路军晋察冀军区某部炮兵进行训练

持久战，最后胜利必然是中国的。

《论持久战》这部著作，极大地坚定了中国人民坚持抗战的信念。它不仅对八路军和新四军在抗日战争的伟大实践中有着重要的指导意义，而且对国民党将领也产生了不小的影响。曾任国民党军事委员会副总参谋长白崇禧秘书的程思远回忆：

> 毛泽东《论持久战》刚发表，周恩来就把它的基本精神向白崇禧做了介绍。白崇禧深为赞赏，认为这是克敌制胜的最高战略方针。后来白崇禧又把它向蒋介石转述，蒋也十分赞成。在蒋介石的支持下，白崇禧把《论持久战》的精神归纳成两句话："积小胜为大胜，以空间换时间。"并取得了周公的同意，由军事委员会通令全国，作为抗日战争中的战略指导思想。①

为了扩大《论持久战》的发行范围，周恩来将此书由武汉寄到香港，委托宋庆龄找人翻译成英文。国际友人爱泼斯坦等参加了翻译工作。毛泽东对《论持久战》英译本十分重视，1939年1月20日，毛泽东为《论持久战》英译本专门作序。这篇序言，后以《抗战与外援的关系》为题，收入《毛泽东文集》第2卷。毛泽东在序言中说：

> 上海的朋友将我的《论持久战》翻成英文本，我听了当然是高兴的，

---

① 程思远：《我的回忆》，华艺出版社，1994年12月版，第131页。

因为伟大的中国抗战,不但是中国的事,东方的事,也是世界的事。

我的这本小书,是一九三八年五月间作的,因为它是论整个中日战争过程的东西,所以它的时间性是长的。至于书中论点是否正确,有过去全部抗战经验为之证实,今后经验也将为之证实。

我希望此书能在英语各国间唤起若干的同情,为了中国利益,也为了世界利益。中国在困难之中进行战争,但世界各大国间的战争火焰已日益迫近,任何国家欲置身事外是不可能的。①

《论持久战》不仅在中国国内产生了深远的影响,在国际上也受到了高度的评价。它作为中国共产党领导抗日战争并取得最终胜利的纲领性文献,永远焕发着真理的光芒。

---

① 毛泽东:《抗战与外援的关系——〈论持久战〉英译本序言》,中共中央文献研究室编:《毛泽东文集》第2卷,人民出版社,1993年12月版,第145—146页。

延安1938

> 游击战争是能够建立其主动权的，针对敌人的弱点，从三个方面进行入手，一是放手争取广大的活动地区，二是放手争取千百万人民的拥护，三是采取正确的策略方针。

打出我们的游击战

抗日战争进入1938年，面对敌强我弱，特别是拥有强大战争机器的日本军国主义，中国共产党领导的八路军、新四军及人民武装力量，广泛开展了敌后抗日游击战争。

1938年1月15日，中共中央发出了《关于发动游击战争建立根据地和党的工作问题给山东省委的指示》，明确指出：

目前省委工作的布置，应注意即使山东完全变为日寇占领区域，还能使我们的党坚持在山东，发动群众，组织游击战争，保存党的力量，坚持与日寇进行长期的斗争。……应着重以发动游击战争与建立游击区的根据地为中心。①

显然，中国共产党已经清晰地判断出必须依靠广泛持久的游击战争，才能最终赢得对日本帝国主义的胜利。关于如何开展游击战争、怎样认识游击战争等问题，当时许多党和军队的领导人都进行了探讨和论述，如朱德《实行对日抗战》、王若飞《华北游击战争的展开》、彭德怀《争取持

---

① 中央档案馆编：《中共中央文件选集》第10册，中央党校出版社，1985年10月版，第423页。

久抗战胜利的几个先决问题》、刘少奇《关于抗日游击战争中的政策问题》、郭化若《抗日游击战争战术上的基本方针》、陈伯钧《论抗日游击战争的基本战术——袭击》、周恩来《怎样进行持久抗战》等，都提出了许多精辟的观点。

1938年2月，毛泽东在延安会见美国合众国际社记者王公达时说：

毛泽东在延安凤凰山麓

> 从（山西的晋东北、晋西北、晋东南、晋西南）这些区域看来，中国失去的不过是几条铁路及若干城市而已，其他并没有失掉。这一实例给全国以具体的证明：只要到处采用这种办法，敌人是无法灭亡中国的。这是将来举行反攻、收复失地的有力基础之一。①

根据毛泽东这个战略部署，八路军各部争取时间，迅速分别开赴指定地区。临行前，毛泽东又叮嘱各路指挥员：要像下围棋"做眼"一样，在敌后发展游击战争，建立抗日根据地。不久，他又做了进一步阐述：在这个"做眼"的问题上，表示了敌后游击战争根据地之战略作用的重大性。这个问题，提在抗日战争面前，就是一方面在全国军事当局，又一方面在各地的游击战争领导者，均须把在敌后发展游击战争和在一切可能地方建立根据地的任务，放在自己的议事日程上，把它作为战略任务执行起来。②

1938年春，毛泽东倾注全部心血撰写了《论持久战》和《抗日游击战争的战略问题》两篇重要的军事理论著作。特别是在完成并校对《抗日游

---

① 中共中央文献研究室编：《毛泽东文集》第2卷，人民出版社，1993年12月版，第101页。

② 高鹏：《敌后游击战》，团结出版社，2005年1月版，第80页。

八路军部队穿越日军封锁线

击战争的战略问题》一文时,毛泽东专门嘱咐中共中央军委编译处处长郭化若:"校对须注意,你自己至少校一次""注意标点符号,不使弄错一个"。① 显然,《抗日游击战争的战略问题》这篇文章在毛泽东心目中的分量是不一般的,之所以苛刻到不能出现标点符号的错误,自然是希望通过这篇文章能够准确地阐明并表达自己的观点。

1938年5月30日,毛泽东所著的《抗日游击战争的战略问题》一文在延安《解放》杂志第40期发表。文章指出:

> 由于中国这个大而弱的国家被一个小而强的国家所攻击,由于中国有共产党领导的坚强的军队和广大的人民群众,所以抗日游击战争主要地不是在内线近距离地直接地配合正规军的战役作战,而是在外线单独作战,不是小规模的而是大规模的,这样在整个抗日战争中虽然仍处于辅助地位的抗日游击战争,就必须放在战略观点上加以考察。

文章详尽分析了抗日游击战争的6个具体战略问题。后来的历史事实也最终证明了,《抗日游击战争的战略问题》与大家耳熟能详的《论持久战》一文,同样是"指导全国抗战的军事理论纲领,是运用马克思主义辩证唯物主义和历史唯物主义从具体情况出发解决战争问题的光辉典范"。②

---

① 中共中央文献研究室编:《毛泽东年谱》中卷,中央文献出版社,2002年8月版,第69页。

② 中共中央党史研究室编:《中国共产党历史》第1卷·下册,中共党史出版社,2011年1月第2版,第513页。

 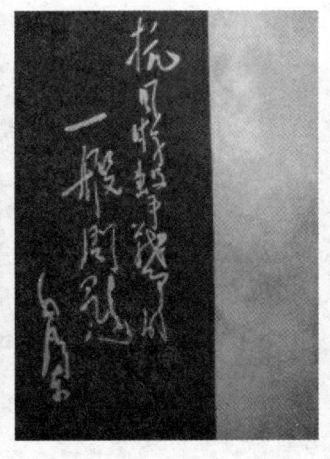 

毛泽东关于游击战争的部分著作

《抗日游击战争的战略问题》一文，对统一和提高全党全军对抗日游击战争战略地位的认识及促进抗日游击战争的迅猛发展起了重要作用。这篇文章被收入解放社1939年出版的由毛泽东题签的《抗日游击战争的一般问题》一书，作为该书的第7章。

毛泽东结合游击战争的战略问题，运用马克思主义的立场、观点和方法，科学地分析了中日双方的特点，深刻地阐明了游击战争在整个抗日战争中的重大战略作用，明确指出必须把游击战争放在战略观点上加以考察，并提出和解决了抗日游击战争一系列具体的战略问题。在《抗日游击战争的战略问题》一文中，毛泽东科学而详尽地回答了大家所关注的问题。

关于为什么要提到游击战争的战略问题，毛泽东指出：

中国既不是小国，又不像苏联，是一个大而弱的国家。敌人在我们这个大国中占地甚广，但他们的国家是小国，兵力不足，在占领区留了很多空虚的地方，因此抗日游击战争主要地不是在内线配合正规军的战役作战，而是在外线单独作战，并且由于中国的进步，就是说有共产党领导的坚强的军队和广大的人民群众存在，因此抗日游击战争就不是小规模的，而是大规模的，于是战略防御和战略进攻等一全套的东西都发生了。战争的长期性，随之也是残酷性，规定了游击战争不能不做许多异乎寻常的事情，

延安1938

抗日的人民军队战斗在长城内外

于是根据地的问题、向运动战发展的问题等也发生了。于是中国抗日的游击战争,就从战术范围跑了出来向战略敲门,要求把游击战争的问题放在战略的观点上加以考察。①

那么,应该采取什么方针或原则才能达到保存或发展自己、消灭和驱逐敌人的目的呢?毛泽东认为:

总的说来,主要的方针有下列各项:(一)主动地、灵活地、有计划地执行防御战中的进攻战,持久战中的速决战和内线作战中的外线作战;(二)和正规战争相配合;(三)建立根据地;(四)战略防御和战略进攻;(五)向运动战发展;(六)正确的指挥关系。这六项,是全部抗日游击战争的战略纲领,是达到保存和发展自己,消灭和驱逐敌人,配合正规战争,争取最后胜利的必要途径。

关于游击战争的主动权问题,毛泽东指出:

游击战争是能够建立其主动权的,针对敌人的弱点,从三个方面进行入手,一是放手争取广大的活动地区,二是放手争取千百万人民的拥护,三是采取正确的策略方针。这就涉及游击战争的灵活性问题。必须使游击战争的指导者明白,灵活地使用兵力,是转变敌我形势争取主动地位的最重要的手段。根据游击战争的特性,兵力的使用必须按照任务和敌情、地形、

---

① 《毛泽东选集》第2卷,人民出版社,1991年6月版,第2版,第404—438页。下引同。

居民等条件做灵活的变动，分散、集中和变换，是游击战争灵活使用兵力的三个方法。

为此，就要高度重视计划性：

不论是整个游击区的行动或是单个游击部队或游击兵团的行动，事先都应有尽可能的严密的计划，这就是一切行动的预先准备工作。情况的了解，任务的确定，兵力的部署，军事和政治教育的实施，给养的筹划，装备的整理，民众条件的配合，等等，都要包括在领导者们的过细考虑、切实执行和检查执行程度的工作之中。没有这个条件，什么主动、灵活、进攻等事，都是不能实现的。

在毛泽东看来，游击战争和正规战争的配合有战略的、战役的和战斗的三种形式：

整个游击战争，在敌人后方所起的削弱敌人、钳制敌人、妨碍敌人运输的作用和给予全国正规军和全国人民精神上的鼓励，等等，都是战略上配合了正规战争。不但如此，游击战争还有其战役的配合作用。一切处于敌后的游击根据地的领导者们，或临时被派出的游击兵团的领导者们，必须好好地配置自己的力量，各依当时当地的情况，采用不同的方法，向着敌人最感危害之点和薄弱之点积极地行动起来，达到削弱敌人、钳制敌人、妨碍敌人运输和精神上振奋内线上各个战役作战军之目的，尽其战役配合的责任。战斗的配合，即战场作战的配合，是一切内线战场附近的游击队的任务，这一项当然只限于靠近正规军的游击队，或临时从正规军派出的游击队。在这种场合，游击队应该依正规军首长的指示，担负其所指定的任务，往往是担负钳制部分的敌人，妨碍敌之运输，侦察敌情，充当向导等。

根据地就成为开展敌后游击战争的重要支撑。毛泽东认为，处于敌后的游击战争，没有根据地是无法支撑的。只有彻底克服流寇主义，提出并实行建立根据地的方针，才能有利于长期支持游击战争。而建立根据地的基本条件，是要有一支抗日的武装部队，并使这个部队去发动民众，战胜

敌人。一切游击战争的根据地,只有在建立了抗日的武装部队、发动了民众、战胜了敌人这3个基本条件逐步具备之后,才能真正地建立起来。

毛泽东还对游击战最终向运动战发展的趋势做出了精辟的论断:

> 战争是长期而且残酷,游击战只有向运动战发展才能适应这样的战争。战争既是长期的和残酷的,就能够使游击队受到必要的锻炼,逐渐地变成正规的部队,因而其作战方式也将逐渐地正规化,游击战就变成运动战了。游击战争的领导者们必须明确地认识这种必要性和可能性,才能坚持向运动战发展的方针,并有计划地执行之。

后来的战争走向证明,正是因为贯彻了毛泽东关于抗日游击战争的正确指导思想,八路军在华北敌占区375个县的85%的地区发动了游击战争,从而迫使日军将20余万大军分兵把守占领地。由此可见,没有敌后游击战争迫敌大量分兵,就不能瓦解日军的进攻能力,也就不能制止日军的战略进攻,从而就没有敌我战略相持形势的出现。这是抗日战争能由战略防御转移到战略相持的一个重要条件。[①]

毛泽东关于游击战理论的思想极其深刻。有学者认为,从世界范围来看,虽然有许多军事理论家大都从战术的角度,将游击战作为弱者抵抗强敌的一种自然反应,却从来没有一位战略家像毛泽东那样,在20世纪30年代把游击战提高到战略的高度来认识。毛泽东在与其《论持久战》几乎同时发表的《抗日游击战争的战略问题》一文中,详尽而透彻地阐明了在抗日战争全过程中游击战争的重要战略地位,全面论述了抗日游击战中的具体战略纲领,堪称超群的游击战战略论。[②]

值得注意的是,毛泽东在《抗日游击战争的战略问题》一文中,正确地预见了,随着战争形势的发展,在国际上必然会出现反对日本帝国主义的国际统一战线:

> 如果我们能在外交上建立太平洋反日阵线,把中国作为一个战略单位,

[①] 高鹏:《敌后游击战》,团结出版社,2005年1月版,第27页。
[②] 高鹏:《敌后游击战》,团结出版社,2005年1月版,第61页。

又把苏联及其他可能的国家也各作为一个战略单位，我们就比敌人多了一个包围，形成了一个太平洋的外线作战，可以围剿法西斯日本。这一点在今天当然还没有实际意义，但不是没有这种前途的。

历史完全证明了这一预见的准确性。须知，这是在中国的全面抗战刚刚进入第二个年头，而距被事实证明了的并真正发生了的国际反法西斯统一战线的建立还有3年多的时间！这也再一次证明了毛泽东不愧是一位伟大的战略家！

延安1938

> 1937年10月，艾思奇与周扬等一起到了延安。已经读过艾思奇相关文章的毛泽东得知艾思奇已经来到延安时，高兴地说：搞《大众哲学》的艾思奇来了！

黄土坡诞生了新哲学会

提起艾思奇，大家都会想到他写的《大众哲学》。《大众哲学》原名《哲学讲话》，最早是在上海《读书生活》杂志第1、2卷(1934年11月至1935年10月)连载。1936年1月出版了单行本，不到半年时间就连版4次，在同年6月出第4版时，改名为《大众哲学》。这本书出版时，艾思奇还不到30岁。

《大众哲学》之所以受到大家的欢迎，正如李公朴在编者序中所说：

这本书是用最通俗的笔法，日常谈话的体裁，溶化专门的理论，使大众的读者不必费很大的气力就能够接受。这种写法，在目前出版界中还是

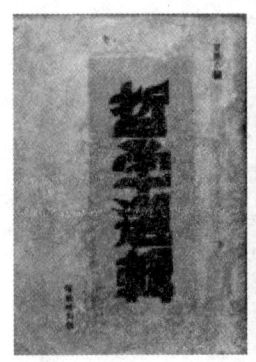

艾思奇著《大众哲学》《哲学选辑》部分版本

仅有的贡献。……尤其值得特别一提的是这本书的内容,全是站在新哲学的观点上写成的。新哲学本来是大众的哲学,然而过去却没有一本专为大众而写的新哲学著作。这书给新哲学做了一个完整的大纲,从世界观、认识论到方法论,都有浅明的解说。①

1937年10月,艾思奇与周扬等一起到了延安。已经读过艾思奇相关文章的毛泽东得知艾思奇已经来到延安时,高兴地说:搞《大众哲学》的艾思奇来了!②

毛泽东一直关注和重视艾思奇从事的哲学理论工作,阅读了他的《大众哲学》《哲学与生活》等著作,曾写了19页纸的《艾著〈哲学与生活〉摘录》,并致信艾思奇,称赞《哲学与生活》是"(艾思奇)著作中更深刻的书,我读了得益很多"。

1938年4月,艾思奇发表了《哲学的现状和任务》一文,提出了马克思主义哲学中国化的主张,倡议"现在需要来一个哲学研究的中国化、现实化的运动"。

作为中共领袖的毛泽东,对哲学问题非常关注。1938年6月,毛泽东提议设立延安新哲学会,由艾思奇和何思敬负责筹备。这一倡议不仅得到了中央其他领导人的支持,也得到了在延安的哲学工作者和其他理论工作者的积极响应。③6月底,延安新哲

1938年毛泽东在凤凰山麓阅读

---

① 李公朴:《〈哲学讲话〉编者序》,艾思奇:《艾思奇全书》第1卷,人民出版社,2006年10月版,第589—590页。
② 吴黎平:《忠诚正直的革命哲学家——忆艾思奇同志》,李今山编:《缅怀与探索:纪念艾思奇文选》,中央党校出版社,2010年3月版,第263页。
③ 于良华、徐素华:《艾思奇同志和延安新哲学会》,李今山编:《缅怀与探索:纪念艾思奇文选》,中央党校出版社,2010年3月版,第276页。

学会成立会召开,会议推举艾思奇和何思敬负责会务工作,并由艾思奇执笔拟定了《新哲学会缘起》。经过征求意见,由艾思奇、何思敬、任白戈、张琴抚、陈伯达、张如心、吴黎平、高士其、周扬、刘芝明、柯柏年、王学文、杨松、焦敏之、成仿吾、徐懋庸、王思华、郭化若等18人联名发表,载于1938年9月30日延安出版的《解放》周刊第53期上,并向全国公开宣布了延安新哲学会的组织及其宗旨。

《新哲学会缘起》中说:

实践需要理论,理论必须结合于实践。……(理论工作者)要用自己的研究去配合和帮助抗战建国的工作。……

新哲学会的发起,就是想把目前做得不很够的理论工作推进一步。我们反对脱离实践的人贫乏空洞的"纯理论"的研究,但这不是说我们不需要更专门更深化的研究。相反地,正是为着要使理论更有着实际的指导力量,在研究上就不但仅要综合眼前抗战的实际经验和教训,而且要接受一切中外最好的理论成果,要发扬中国民族传统中最优秀的东西。一种有力量的理论不是单单靠着眼前的狭隘经验就可以完成的。这里就有着比较专门化的理论工作者的任务。

如果有人说:要做这样的工作,在现在怕没有余裕,因为现在需要人人都直接参加实际抗战的活动。我们就要答复,问题是在于有没有这种研究工作的必要,如果有这样的必要,我们就得要用我的力量去做,而且,这也正是一种部门里的实际抗战活动。如果有人说:在目前不是没有人在这样做,但环境条件太差,不能够做好。我们的答复是:问题是在于没有更好的方法认真来做,特别是全国的理论工作者没有团结起来,好好地共同去做。倘若各方面的专家们能联系起来,大家交换研究的成果,那结果一定可以比现在所有着的东西超过很多倍数。

新哲学会愿在这样的目标之下来向全国的理论研究者们做一个号召:大家团结起来,为抗战建国的任务,为着理论在中国的发展,用集体的力量来尽自己的责任。我们需要团结的不仅仅是研究哲学的人,也需要一切在实际活动中的人们以及自然科学家、社会科学家、历史家、考古学家等，来共同合作。因为哲学只是最一般的方法论上的基础，只是各科学及一切实践经验的综合，所以我们并不仅仅就哲学而研究哲学，而且也要在哲学或方法论的具体化的发展的观点上，来研究一切抗战建国的经验教训，研究一切的其他的科学。

我们也不能仅仅研究唯一派别的哲学思想，在抗战建国这个共同的正确的政治原则下，我们需要集合各种各样的哲学派别来做共同的研讨，希望不论旧的、新的、中国的或外来的各种派别都能加入这一个共同的研究，而在这研究中发展它一切的优点。这样使我们的研究的成果不但会成为最好的实践的指导理论，而且还成为中国一切优秀民族传统的发展和继承。

希望全国各方面的理论工作者们给以热烈的响应并多多地提供一些意见，不论是关于以上工作原则方面的，或关于具体的工作计划方面的。①

新哲学会成立不久，党的扩大的六届六中全会在延安召开。毛泽东在会上做了《论新阶段》的报告，强调"一切有相当研究能力的共产党员，都要研究马克思、恩格斯、列宁、斯大林的理论"，并号召"来一个全党的学习竞赛"。此后中共中央很快制订了"延安在职干部教育计划"，把各级干部的理论学习纳入制度化，哲学的学习也被列入其中，这就进一步推动了研究哲学的热潮。

延安新哲学会成立之后，很快就在各学校机关里成立了许多哲学研究小组。除推动边区军政干部的理论学习外，还着手编著各种哲学著作。② 毛泽东首先带头组织了一个

艾思奇

---

① 《新哲学会缘起》，《解放》1938年9月30日，第53期，第22页。
② 齐礼编：《陕甘宁边区实录》，解放社，1939年12月版，第110页。

延安1938

哲学研究小组，有艾思奇、何思敬、陈伯达、和培元、杨超等人参加，其中还讨论了毛泽东《实践论》和《矛盾论》中所论述的各种问题。接着在党政军机构、学校也纷纷成立了哲学研究会和哲学研究小组。艾思奇还被中央宣传部聘为哲学研究小组的辅导员，张闻天担任组长。

新哲学会的活动丰富多彩，经常举办各种类型的哲学演讲会，有时讲军事辩证法，有时讲实际生活中的哲学问题，有时介绍中外哲学史方面的知识，有时介绍研究哲学的方法。演讲者大都是新哲学会的会员，艾思奇经常结合干部的思想、工作实际和抗战形势发展的实际，讲解辩证法唯物论。

后来在中央党校工作的艾思奇的爱人王丹一回忆道：

> 曾任蒋介石高级幕僚的马璧教授1981年底回到大陆，1982年曾专程来过我家。他熟悉艾思奇的著作，并多次向有关部门表示一定要见一见艾思奇的家属。通过校办公厅的介绍，初次见面他就说，他不止一次地读过《大众哲学》，这本书使人耳目一新。还说，蒋介石也读过，并多次在有台湾军政要员参加的会议上说："我们同共产党的较量，不仅是输在军事上，乃是人心上的失败。一本《大众哲学》搞垮了我们的思想战线！这样的东西，你们怎么就拿不出来！"马璧还说："蒋介石不仅自己看这本书，还要求部下也读。我看到蒋介石和蒋经国都曾把此书放在案头。"[1]

看来，虽然国共两党都在研读哲学，甚至都是结合艾思奇的《大众哲学》进行研读，却只有中国共产党最终走向了成功与胜利。无疑，至少在这一点上，国民党、蒋介石又一次输给了延安。

---

[1] 王丹一：《我的点滴回忆》，李今山编：《缅怀与探索：纪念艾思奇文选》，中央党校出版社，2010年3月版，第180页。

> 毛泽东还是于数日后的 10 月 27 日，一连题写了三个"山脉文学"刊名……这三款竖行题字写在了奚定怀的信尾空白处。不仅如此，他还在来信上面横行认真地写道：写下几个字，不知可用否？名称似以"山头文学"为好。

窑洞中的文艺社团

1938 年 10 月，在毛泽东的办公桌上，摆着刚刚在延安成立不久的山脉文学社负责人奚定怀以"山脉文学社"的名义写的一封信：

毛主席：

日前，我们给你一信，请你题"山脉文学"四字，大概因为你近来事情非常之忙，所以没有动手来办这件事吧？近期之内，我们就准备把"山脉文学"编出来，望你能替我们题下四个字：山脉文学。你一定支持我们吧！

此致

　　崇高致礼！

山脉文学社
（1938 年 10 月 20 日）①

毛泽东的忙碌是可想而知的。时值中共中央扩大的六届六中全会召开期间，这次会议的重要性不言而喻。但即使这样，毛泽东还是于数日后的 10 月 27 日，一连题写了三个"山脉文学"刊名，寄了回去。

---

① 孙国林、曹桂芳编：《毛泽东文艺思想指引下的延安文艺》，花山文艺出版社，1992 年 4 月版，第 276 页。

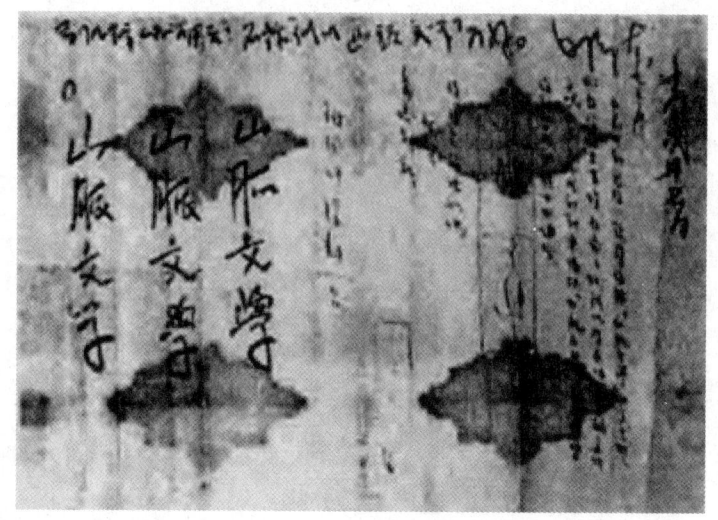

毛泽东为《山脉文学》题写的刊名及给山脉文学社的复函

毛泽东明白，在曾经的文化荒漠——西北黄土高原的土窑洞里，能够出现新的文学社团，是很不容易的，当然应该支持。

成立于1938年10月的山脉文学社，其名称还是根据毛泽东关于开展敌后游击战的思想而来的。

1938年5月，毛泽东在《抗日游击战争的战略问题》一文中指出：

> 山地建立根据地之有利是人人明白的，已经建立或正在建立或准备建立的长白山、五台山、太行山、泰山、燕山、茅山等根据地都是。这些根据地将是抗日游击战争最能长期支持的场所，是抗日战争的重要堡垒。①

山脉文学社的名称，正是受此启发而产生的。

山脉文学社主要发起人和组织者是抗大政治部秘书科的奚定怀。其成员主要是抗大、马列学院、总政、边区政府、后方留守兵团等单位的一些青年文学爱好者。

山脉文学社成立之后，即着手编辑《山脉文学》，准备出版铅印的综合性的文艺刊物。创刊号的稿子编好以后，他们写信给毛泽东，请求题写刊名。

10月27日，这三款竖行题字写在了奚定怀的信尾空白处。不仅如此，他还在来信上面横行认真地写道：写下几个字，不知可用否？名称似以"山头文学"为好。

---

① 《毛泽东选集》第2卷，人民出版社，1991年6月，第2版，第419页。

当时，奚定怀及山脉文学社的同志们并没有细想也不理解毛泽东关于更改刊名建议的深刻意蕴。毛泽东建议用"山头文学"的用意，可以用他

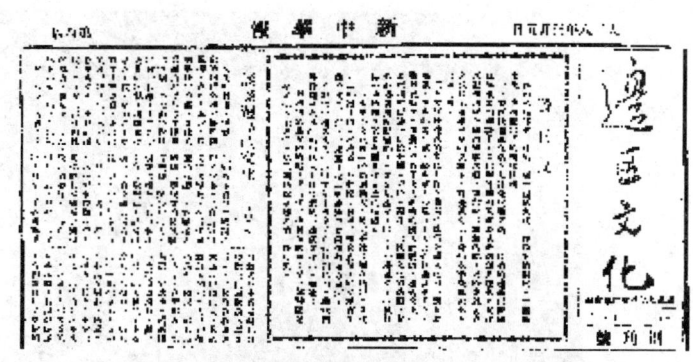

毛泽东为边区文协题写的"边区文化"刊名

后来在《新民主主义论》中的一段话来解释：大众文化，实质上就是提高农民文化。现在是"上山主义"的时候，大家开会、办事、上课、出版、著书、演剧都在山头上，实质上都为的是农民。显然，毛泽东是希望他们能更多地走向大众、服务老百姓。

这不是毛泽东第一次为延安的文艺社团题写刊名。1938年3月5日，边区文协编辑的《边区文化》在《新中华报》第4版刊出，同期刊登的刊名即出自毛泽东的题词。

遗憾的是，后来由于印刷条件的限制，《山脉文学》未能如期出版，而是改出了油印的《山脉诗歌》。《山脉诗歌》出版时，不便再打扰毛泽东题写刊名，编者们便将毛泽东为《山脉文学》题写的刊名中的"山脉"二字移用过来，再配上艺术体的"诗歌"二字，合成《山脉诗歌》的刊名。[①]社团也就改成以山脉诗歌社的形式活动了。

山脉诗歌社隶属于陕甘宁边区文协，其成员以抗大和鲁艺的教职员为主。为了便于活动，除在延安地区建立10多个小组外，还在瓦窑堡、蟠龙等地建立了分社。社员最多时发展到200余人，并集体加入了文协，成为陕甘宁边区内一个比较大的群众性文艺社团。

山脉诗歌社是一个自愿参加的群众性的业余诗歌团体，成员都进行过登记。它的发起人和组织者还是奚定怀，其他主要成员有：徐明、缪海棱（雷

[①] 孙国林、曹桂芳编：《毛泽东文艺思想指引下的延安文艺》，花山文艺出版社，1992年4月版，第714页。

山脉诗歌社成员缪海棱（右1）与
新华社记者等在清凉山窑洞前的合影

波)、西野、栾萍、李维新(女)、劳森以及朱子奇、魏元章、赵从容、安观生、庄涛、王令箧、汪洋、朱力生等。

山脉诗歌社主要是有组织地开展普及性的文艺活动。因此，在社务会议上，大家经过讨论，确定了"十大工作方式"：

出版文艺刊物；
配合各种重大的政治活动(如纪念日群众大会等)，印发通俗的诗传单；
在群众大会上，利用会前休息时间，进行诗歌朗诵；
召开文艺晚会；
举行文艺专题报告会；
成立简易的流通图书馆；
在山岩、墙壁上刻写文艺标语和街头诗；
各单位的文艺小组编出壁报；
文艺小组召开文艺创作的讨论会；
向各地报刊推荐和搜送抗战文艺作品。①

1938年4月下旬，在延安的美国朋友卡尔逊要求去敌后访问。毛泽东

---

① 据奚定怀当年笔记收录。

想起在抗大学习的刘白羽等曾来信要求去前线工作的请求，便约了刘白羽、金肇野、汪洋、林山等一起谈话，同意他们去前方工作，并成立了由毛泽东命名的抗战文艺工作团，让他们与卡尔逊一起出发。临行前，毛泽东专门写了一封介绍信，让他们持信去敌后工作，以便得到各地方、各部队的支持和帮助，介绍信的内容是：

八路军各级负责同志：

　　现有抗战文艺工作团刘白羽诸同志赴前方工作，望大力支持协助，提供一切方便。

　　　　敬礼！

　　　　　　毛泽东①

贺龙在晋西北根据地
干部会议上讲话

以此为契机，边区文协与八路军总政治部根据毛泽东的意见，研究了抗战文艺工作团的组织、领导及活动、安全等具体工作问题。当时确定抗战文艺工作团的任务是：搜集战地材料，反映前线生活；推动文艺运动，建立文艺组织。并先后派出6组人员去各抗日前线。

经过一段时间的准备，由刘白羽任组长，金肇野、林山、汪洋、欧阳山尊为成员的抗战文艺工作团第一组于1938年5月15日告别延安，前往华北。其中汪洋负责摄影，欧阳山尊负责戏剧（因为有卡尔逊同行，他还兼翻译），其他3位同志写通讯和诗。临行前，边区文协、八路军总政治部于5月11日晚为他们举行了热烈的聚餐会，作为饯行。几个日本工农学校的朋友也参加了这次盛会，为他们唱了送行曲，场面十分感人。他们由

---

① 孙国林、曹桂芳编：《毛泽东文艺思想指引下的延安文艺》，花山文艺出版社，1992年4月版，第268页。

延安北上，经榆林到了绥、蒙边界，又过黄河到晋西北，穿过同蒲路到了晋察冀边区，再穿过陇海线，途经西安，于同年8月中旬他们回到了延安。

回到延安后，抗战文艺工作团把从敌后带回的资料加以整理，举办了一场展览会。1938年8月底，《新中华报》对这次展览进行了报道：

抗战文艺工作团第一组，此次历时三个多月，经绥远、晋西北、晋东北、晋察冀边区，直到鲁西北游击区，后经豫北，于日前回到延安。他们带回了许多宝贵的材料，把敌人后方的游击战争情形及人民抗战情绪及艰苦斗争等，均摄入照片中。并有游击区域的各种书籍、报纸、刊物带来延安，于21日起，在文协正式展览。每天前往参观者不下四五百人。

这次展览会一连展出7天，参观的人络绎不绝，产生了很大的影响。① 毛泽东参观后题词：发展抗战文艺，振奋军民，争取最后胜利。此外，刘白羽在报纸上发表了《我们在沙漠里》一文，描写了他们此行中的一个片段场景。

抗战文艺工作团有一个总部在延安，负责组织、编审等事宜。组织方面的工作是负责分批组建和派出抗战文艺工作团；编审方面的工作则以抗战文艺工作团为主，并联合边区文协，出版《文艺突击》。此外，还有团员们写的作品在报刊上发表。每一个小组有一个组长，一切杂务事项由大家分担。

抗战文艺工作团在国内产生了广泛影响，许多报刊都做了报道或评价：

这里我们要向毛泽东氏致以敬礼！当文工团建立第一组出动的时候，他亲笔写

毛泽东题词：发展抗战文艺，振奋军民，争取最后胜利。

---

① 雷烨：《谈延安文化工作的发展和现状》，《抗敌报》1939年1月18日。

了一封信给八路军各级指挥员、各级政治委员、政治部主任,帮助文工团。(《抗敌报》)

我们强调着文艺工作者"到前线去"是必要的、正确的。而今天抗战文艺工作团分组有计划地深入华北,深入敌人的后方,参加着各游击区的一切斗争是有着它的模范意义——在全国的文艺战线上。(《文艺突击》)

抗战文艺工作团派到华北各地,附带组织了游击区的文艺通讯网,……也是抗战后的新东西。(《文艺战线》)

经延安抗战文艺工作团的发起,把一些文艺工作者带到前方去,第一组出发后,接连着到现在已出发了六组。他们不避艰辛地通过敌人的封锁线,冒着猛烈的炮火,到前线去,到广大的华北敌后各抗日根据地去,拿着他们的笔,书写在火光与血影的交织中。而且,甚至有个别的文艺工作者曾化装到了敌人占领下的北平和天津,与敌人的刺刀打着照面。(《新华日报》)[①]

在重庆出版的全国文艺界抗敌协会机关刊物《抗战文艺》等报刊,也对抗战文艺工作团的活动进行了报道和热情赞扬。

1938年的延安,还成立了其他的文艺社团并开展了活动。如5月23日,陕甘宁边区民众娱乐改进会成立。9月11日,边区文艺界抗战联合会(简称"边区文联")成立,会上确定要普遍地建立文艺小组,号召大批文艺干部到前线去,出版文艺刊物等,并选出了执委代表。散会后,大家在工人合作社用餐,艺术家们可不闲着:诗人柯仲平的朗诵,陈学昭的法文歌,丁玲的小调,沙可夫的俄文游击队歌,都成了助兴的节目。9月,边区诗歌总会成立。鲁艺也依托文学系和戏剧系先后成立了路社和木刻工作团,在鲁艺院内和延安街头创办了街头诗墙报,在延安城门洞内的诗墙报前,经常有许多人观看或抄录。[②]

延安的文艺活动之所以能够轰轰烈烈地开展,并充满着生动活泼、欣欣向荣的景象,其中无疑有遍布于延安窑洞中的文艺社团的功劳。

[①] 孙国林、曹桂芳编:《毛泽东文艺思想指引下的延安文艺》,花山文艺出版社,1992年4月版,第270—271页。
[②] 林茫:《我们的"文联"成立了》,《新中华报》1938年9月20日,第4版。

> 1938年9月,中国共产党第一个电影和图片摄影的专业机构——延安电影团正式组成。电影团位于延安凤凰山下的大砭沟口,南面靠近延河的山腰上有几孔窑洞,就是电影团的驻地。

延安成立了电影团

1937年七七事变爆发后,上海成立了中国电影界救亡协会(后改名为中国电影界救亡委员会),后来又成立上海电影编剧导演人协会。著名进步电影人袁牧之、陈波儿、钱筱璋等商议到延安去拍摄一部纪录片,反映八路军的抗战生活情况,并于1938年春在武汉八路军办事处,当面向中共负责人周恩来提出了他们的建议。

八路军总政治部电影团成员合影

很快就传来了让他们振奋的消息：中国共产党不仅同意他们的计划，而且要在延安成立自己的电影机构，并征求袁牧之的意见，是否愿意到延安八路军总政治部电影团担任编导，而不仅仅是去延安临时拍一部电影。①

事实上，在年初，即1月4日，中共领袖毛泽东与张闻天就曾联名致电当时还在新疆担任中共驻新疆代表、八路军驻新疆办事处主任的邓发，告诉他延安拟发展电影事业，请他设法募集全副摄影机和放映机，并注意购买电影胶片，包括当时的苏联所摄制的电影拷贝。②

袁牧之这时已经是一名中共党员。对于党交给的任务，自然欣然接受。但毕竟是组建一个新的电影机构，不仅需要一定的专业器材，更需要有专业的人员。他第一个想到了好友——著名摄影师吴印咸。这时吴印咸正在香港，接到袁牧之发来请他速赶到武汉、有要事相商的电报后，立刻从香港启程赶赴武汉。两人见面后，袁牧之向吴印咸和盘托出了要在延安成立电影团的情况，动员吴印咸一起前往。面对这一突然的消息，吴印咸一时有些犹豫，对于一个在江南大城市生活和工作了几十年的人来讲，延安还

延安电影团用伊文思赠予的摄影机为毛泽东拍摄

---

① 吴筑清、张岱编：《中国电影的丰碑：延安电影团故事》，中国人民大学出版社，2008年6月版，第37页。
② 中共中央文献研究室编：《毛泽东年谱》中卷，中央文献出版社，2002年8月版，第46页。

是一个非常陌生而遥远的地方,要到共产党领导的区域工作,对个人和家庭都意味着要冒很大的风险。但另一方面,到大西北去,接触一下从未接触的生活,拍摄反映八路军抗战生活的大型纪录片,这也是一个难得的机会。吴印咸最终下定决心先去去再说,并自己购置了3部照相机和一些胶片,这些摄影器材后来在延安发挥了巨大的作用。

与此同时,袁牧之还遵照党的安排,专程前往香港购买所需的电影器材,在八路军香港办事处负责人廖承志的帮助下,很快购回了一台二手16毫米的"菲尔姆"轻便电影摄影机,几百米电影胶片以及洗印设备等。在周恩来的协助下,正在中国拍摄电影的荷兰著名纪录片导演伊文思也将一台35毫米"埃姆"摄影机和600米电影胶片赠送给袁牧之和吴印咸,作为他们在延安拍摄所用。

1938年8月28日,在周恩来和八路军武汉办事处的周密安排下,袁牧之和吴印咸先期抵达延安,并很快开始了延安电影团的筹备工作。电影团隶属于八路军总政治部,总政治部副主任谭政亲自兼任电影团团长。

1938年9月,延安电影团成立时的合影,后排左3为袁牧之

1938年12月，肖向荣从晋察冀前线调回延安，担任总政宣传部部长。从此，延安电影团得到了肖向荣的直接指导，一直到抗战胜利后他亲自带领电影团到了东北新解放区。

1938年9月，中国共产党第一个电影和图片摄影的专业机构——延安电影团正式成立。电影团位于延安凤凰山下的大砭沟口，南面靠近延河的山腰上有几孔窑洞，就是电影团的驻地。按照八路军总政治部的安排，电影团由李肃担任政治指导员，袁牧之负责艺术指导及编导工作，吴印咸负责技术及摄影工作。不久，在抗大学习的徐肖冰等人也很快加入进来。

对于刚刚来到延安的吴印咸来说，一切都显得那样特别：

深厚坚实的黄土，傍城东流的延河，嘉陵山上高耸入云的古宝塔，以及那一层层、一排排错落有致的窑洞，这一切都使我感到新鲜。特别是这里的人们个个显得十分愉快、质朴，人们之间的关系又是那么融洽。我看到毛主席、朱总司令等人身穿粗布制服出现在延安街头，和战士、老乡唠家常，谈笑风生，……我被深深感动了。我觉得我已经到了另一个世界，这正是我梦寐以求的理想所在……我们到延安后，八路军总政治部马上成立了电影团。电影团由总政副主任谭政任团长。说是电影团，总共才六七个人，真正搞过电影的只有袁牧之、我和徐肖冰。……我们要拍的纪录片定名为《延安与八路军》，袁牧之任编导，我担任摄影并兼摄影队长。[1]

在吴印咸致友人的信（刊于1938年10月15日《申报》）中，他写道：这里实在值得人们兴奋，到处充溢着新气象。人们刻苦耐劳的硬干精神，更是令人钦佩。

电影团的第一个作品，就是拍摄纪录片《延安与八路军》。10月1日，他们选取了位于中部县（后改名为黄陵县）桥山的中华民族始祖黄帝的陵前作为第一组镜头。然后按照拍摄提纲，分别从反映各地进步青年学生纷纷来到延安，延安的政治、经济、文化等方面的情况，包括中共中央领导

---

[1] 吴印咸：《延安影艺生活录》，艾克恩编：《延安艺术家》，陕西人民教育出版社，1992年8月版，第282页。

延安电影团拍摄电影的情景

人和领导机构以及延安居民工作、生活等方面的情况,八路军的战斗生活以及敌后抗日根据地情况,全国各地青年在延安学习之后奔赴前方各地去工作的情况等,开始了艰苦的拍摄工作。经过一年多的努力,完成了所有素材的拍摄任务。由于延安条件有限,为了做好影片的后期制作,袁牧之和为影片配乐的冼星海专程到了苏联。遗憾的是,当他们在苏联的后期制作接近尾声,冼星海的音乐创作也已完成的时候,1941年6月,德国大举进攻苏联,制作好的《延安与八路军》所有底片、素材在战乱中全部丢失,冼星海也因病在苏联去世。目前所能见到的少量影片资料,只是延安时期所保留的极少部分素材。

在延安拍摄期间,还经常面临着日本飞机的轰炸。徐肖冰在回忆录《带翅膀的摄影机》中写道:

我们每天都要受到敌机轰炸的威胁。当时,八路军的很多机关就在窑洞里,这就是天然的"防空洞"。那时,我们对敌人的轰炸机几乎没有反抗能力,敌机一来,我们就只有躲藏的份儿。防空洞的容量有限,容不下那么多人,有时敌机来了,人们只好在地面上想法躲藏。敌机也很狡猾,他们来的时候总是很隐蔽,当我们听到敌机的声音的时候,他们已经到我们头顶上了。日军的飞机也多,十几架飞机并排在一起突然出现在延安上空,出现在我们脑袋的正上方,声音震耳欲聋,接着就是炸弹的轰天巨响,人们每时每刻都面临着死亡的威胁。可是说来也怪,那时也顾不上想那么多,敌机来了,就本能地躲藏一下,从没想过要是被炸死了会怎样。①

1938年8月,中共驻共产国际代表王稼祥奉命回到延安,随身带回一套苏联造的K101型35毫米电影放映机,同时还带有《列宁在十月》《列宁在1918》《夏伯阳》《祖国儿女》等一批苏联影片。为此后来还专门成立了电影放映队。

电影团还在延安拍摄了许多照片,并且深入晋察冀抗日根据地,拍摄了八路军将士的许多战斗、生活资料。

而吴印咸本人,则最终选择留在了延安,并始终伴随着延安电影团的活动,成为中国共产党电影事业的开创者和奠基人之一。

---

① 倪震:《背着摄影机走向延安——吴印咸传》,中国电影出版社,2008年10月版,第72页。

延安1938

> 政治的问题主要是对人民的态度,看你是想和老百姓交朋友还是要站在老百姓的头上压迫他们。只要和他们接近,和他们打成一片,他们自然相信你。

文艺要下乡

鲁迅艺术学院是延安时期培养文艺干部、文艺人才的专门学校。鲁艺成立后,毛泽东第一次对鲁艺师生的演讲,选取的题目是《怎样做艺术家》。他希望广大的艺术工作者到大千世界中去,到实际斗争中去,深入现实生活第一线。毛泽东还借用《红楼梦》中的"大观园"做比较,认为艺术家的"大观园"是全中国,"要切实地在这个大观园中生活一番,考察一番"①。鲁艺在最初的办学过程中,特别注重让学员在

鲁艺欢送天蓝等"秋收工作团"出发

---

① 中共中央文献研究室编:《毛泽东年谱》中卷,中央文献出版社,2002年8月版,第65页。

实际中学习，要在实际工作中不断增长才干。并规定学制为6个月，两个学期。每学期3个月，第一学期修业后，专门再分配到抗战前方或部队实习3个月，然后再学第二学期的课程。

毛泽东为什么在当时强调鲁艺的艺术家们应到实际工作中去呢？

在毛泽东讲话不到一个月后就成立了边区民众娱乐改进会，其成立的理由就是对此的最好回答：在全民族的全面抗战已经进行了10个月的现在，民众所唱的仍是"奴家呀，情郎呀"一类不能适合时代的情歌，他们所看的仍是《升官图》《五典坡》一类足以麻木大众的旧戏。这在我们边区"一切配合着抗战前进"上比起来，是一个立待改进的问题。①

而后来担任民众剧团团长的柯仲平对民众剧团成立的背景介绍，同样说明了这方面工作的紧迫：

今年四月，在欢迎边区工人代表的一个晚会上，其中有两个秦腔节目：《升官图》与《五典坡》，那真叫人看着太不舒服了！

但边区民众爱看、爱听、爱唱自己祖传下来的秦腔、道情等，这是一个铁的事实。

因此，我们下了决心，要分一部分工夫来做改进民众娱乐的工作——五月中便成立了民众娱乐改进会，而且将就有爱唱秦腔者组成一个民众剧团了。②

后来，民众剧团成立后，所演出的秦腔剧受到老百姓的普遍欢迎。1938年10月19日为纪念鲁迅先生，他们在民教馆为老百姓演出，因为观众踊跃，几乎要把戏台挤倒。③

鲁艺积极响应毛泽东的号召，把艺术活动延伸到群众中间。在延安城未遭敌机轰炸以前，每个城门口，都设有鲁艺定期的（一般是两周一换）大型"街头画报"，鲁艺迁到桥儿沟以后，又在桥儿沟街道上设立了一个"桥儿沟画报"。有时，则利用农村集市、驴马大会或其他群众集中的场所，

---

① 《边区民众娱乐改进会成立经过》，《新中华报》1938年5月25日，第3版。
②③ 《柯仲平：生长着的民众剧团》，《新中华报》1938年10月25日，第4版。

王震之率鲁艺实验剧团去太行山工作

举办流动画展。①

1938年5月，毛泽东在谈到建立抗日根据地问题时强调，要通过组织自卫军和游击队来发动广大民众的抗日斗争，并从这种斗争中去组织民众团体；无论是工人、农民、青年、妇女、儿童、商人、自由职业者，都应将他们组织在各种必要的抗日团体之内。②柯仲平于1938年5月创作的长篇叙事诗《边区自卫军》，受到了毛泽东的称赞，并被指示"赶快发表"，不仅是让更多的人能够分享，也是鼓励更多的艺术家创作面向第一线工人、农民、抗战将士的好作品。毛泽东后来在与到访延安的平民教育会代表诸述初谈话时强调：政治的问题主要是对人民的态度，看你是想和老百姓交朋友还是要站在老百姓的头上压迫他们。只要和他们接近，和他们打成一片，他们自然相信你。……现在边区所实行的，就是这种民主政治。在抗战期间我们发动了广大农民的积极性，那何愁没有人上前线，何愁没有钱抗战！③

1938年2月25日，延安《新中华报》第4版刊发了孙强的文章《戏剧到农村去》，在文章中，作者生动地描述道：

---

① 陈叔亮：《新的生活 新的创造 新的风格》，艾克恩编：《延安艺术家》，陕西人民教育出版社，1992年8月版，第448页。
② 毛泽东：《抗日游击战争的战略问题（1938年5月）》，中共中央文献研究室编：《毛泽东选集》第2卷，人民出版社，1991年6月第2版，第424页。
③ 中共中央文献研究室编：《毛泽东年谱》中卷，中央文献出版社，2002年8月版，第77页。

我们宣传的对象就是广大的群众，尤其是农村里的劳苦大众。但他们的文化水准不高，理解力也较低，所以大众化的戏剧，就要将内容和他们的生活与斗争有联系地反映出来，要接近他们的理解力。为了这样，到农村去做宣传的剧团，应当以写实的、平易的手法反映一些抗战的激烈、为民族解放而牺牲的、英勇战士们的精神、反映日本帝国主义的残暴、奸淫辱掠的情形、汉奸的阴谋，等等。……以目前形势来说，戏剧运动尤应当以农村为中心。到农村去的剧团，应当多写街头剧。因为物质缺乏的农村里没有那些优秀条件的合适的舞台，那么麦场、街上、庙前，都是农村优秀的舞台，演街头剧更来得适合些。

在当时的边区各县，流行着旧时的山歌、民谣、小调、道情、评弹、秧歌、秦腔……据说民众还听不惯二簧。在一个俱乐部里，要是有人能唱一两段用抗战内容编成的曲子，唱后又能说说笑话，那他就是最受欢迎的民间艺术家了。可惜他们想得到新的秦腔、道情等而现在还得不到！① 后来，特别是全民族抗战开始后，延安的艺术家们组成抗战文艺工作团，深入各个抗日根据地，差不多每一个地区，每一个群众团体，每一个政治机关，每一个部队，都要出（油印或石印）一些小报和小册子。墙报可以说是到处都有，而且都相当活泼、充实，成为真正的大众读物。其他如戏剧、歌咏、学校等都很发达。②

当时作为民众娱乐改进会负责人并筹备着民众剧团的柯仲平急切地表示：凡有边区这两个字的团体，它的工作就应向着全边区的大众开展去。现在要召集一部分优秀的学生和一部分能脱离生产的团员来组织职业化的民众剧团，虽经过种种筹备上的困难，现在，团员还不够，尤其是女团员！（哪一个能唱秦腔的女同志勇敢地来参加这民众剧团，我们将来一定会把大众艺术突击队的荣誉奖章送给她呵！）③

1938年春，由毛泽东倡导并组建的陕甘宁边区抗战文艺工作团从延

---

①③ 柯仲平：《文化下乡去的一个实际问题》，《新中华报》1938年8月30日，第4版。
② 林山：《送文化食粮与文化干部到前线去》，《新中华报》1938年8月30日，第4版。

安出发，奔赴抗战前线。刘白羽等人组成的小分队第一批奔赴晋西北、豫鲁抗战前线，后来他们把从晋察冀根据地带回来的战利品、开展活动的照片、出版物等，于当年7月在延安办了一个展览会，连展7天，每天参观的人员络绎不绝。[1]

《新中华报》介绍安定县各界欢迎抗大暨战地服务团

而由边区文协倡导并发起的西北战地服务团，自1937年8月成立后，活动开展得有声有色，动员和吸引了延安许多文化团体、机关单位的人员主动投身于抗战前线的宣传、动员和服务工作中。1938年4月，延安《新中华报》刊发的一篇报道，生动地描述了抗大所组成的一个战地服务团在文化下乡时的活动场景：

安定县各界，于本月十日上午十时，假南门外中山会场，举行"安定县军政学各界欢迎抗日军政大学暨战地服务团大会"，由本县县长黄著霖主持，到会机关代表及群众三千余人。主席报告开会意义致欢迎辞后，即由抗大及战地服务团代表致谢辞，并由战地服务团同志进行宣传工作。在会场及街衢各处张贴红绿标语、漫画等，群众情绪十分热烈，抗日救国的空气，活跃于会场。当晚七时由抗大及陕甘宁边区抗敌后援会战地服务团第二队，共同召开"军民联欢大会"，以回答安定各界之欢迎。公演话剧歌舞活报等项目。群众男女老幼参加者不下两千余人，群众对守土抗战之

---

[1] 雷烨：《谈边区文化工作的发展和现状》，《抗敌报》1939年1月18日。

决心与热忱,更加坚决。①

鲍力生撰写的《剧团在村里》一文,也生动地记述了艺术家们顶着烈日、送戏下乡的情景:

文艺家深入基层演出

太阳烫火似的燃烧着,同志们额上的汗珠一颗一颗地流着,大伙早就疲倦了。可是在这高山上,实在寻觅不到一个阴凉的地方来休息。领队的同志在高声喊了:"同志们,加油呀!再爬过两个山坡就是村子,我们在那里休息吧!"大伙随声附和了:"加油呀!加油呀!"②

受广大老百姓欢迎的艺术家们来了!

---

① 《安定县各界欢迎抗大暨战务团》,《新中华报》1938年4月30日,第3版。
② 鲍力生:《剧团在村里》,《新中华报》1938年7月30日,第3版。

> 六中全会是一个重要的关键，没有六中全会，今天的局面不会有这样大。六中全会是决定中国之命运的。

意义非凡的中共六届六中全会

1945年4月，中国共产党第七次全国代表大会正在延安召开。全党121万名党员的755名代表参加了会议。七大的召开，也标志着中国共产党已经完全发展为一个成熟的大党，更标志着中国革命的曙光即将到来。在七大会议上，担任大会主席团主席的毛泽东说了这样一段意味深长的话：大家知道，六中全会是一个重要的关键，没有六中全会，今天的局面不会有这样大。六中全会是决定中国之命运的。①

为什么毛泽东这么看重六届六中全会的作用呢？

这还得从王明从苏联回国说起。1937年11月29日，时任中共驻共产国际代表，并任共产国际执行委员会委员、主席团委员和候补书记的王明，受共产国际的指派回到延安。由于当时中国共产党是共产国际的一个支部，必须执行共产国际的决议和指示，因此中国共产党对王明等人的回国非常重视，毛泽东、张闻天等中共领导人亲自到机场迎接，毛泽东真诚而高兴地说：欢迎从昆仑山上下来的神仙。王明回来后，却在政治局会议上对洛川会议以来中共中央在统一战线问题上的许多正确观点和政策提出批评，

---

① 中共中央文献研究室编：《毛泽东在七大的报告和讲话集》，中央文献出版社，1995年4月版，第163、231页。

中国共产党扩大的六届六中全会与会人员合影

尤其是他去武汉中共代表团和长江局工作后，未经中央同意，多次发表对国民党无原则迁就的错误观点，甚至把有关包含错误主张的文章公开发表。由于王明是共产国际派回来的，他的右倾错误观点在党内造成了一定的混乱，给党的工作也造成了不小的损失。

1938年8月，中共驻共产国际代表王稼祥从莫斯科回到延安。由于此前任弼时代表中共中央向共产国际客观真实地汇报了中国革命的有关情况，中国共产党所执行的政治路线特别是抗日民族统一战线政策得到了共产国际的肯定。在王稼祥回国前夕，针对中共中央的领导问题，时任共产国际负责人的季米特洛夫特别强调：中共一年来建立抗日民族统一战线的政治路线是正确的，在中共中央领导机关中，要以毛泽东为核心解决统一领导问题，中央领导机关要有亲密团结的底气。在后来召开的政治局会议上，王稼祥传达了共产国际的指示，从政治上肯定了中共中央的政治路线，从组织上肯定了毛泽东在全党的领袖地位，维护了以毛泽东为核心的中央的团结和统一领导。

因为王明对党中央的抗日民族统一战线策略和洛川会议确定的全面抗战路线和基本政策等说三道四、批评指责，打的都是共产国际指示的旗号，王明又处处以共产国际执委会主席团成员自居,王稼祥带回的共产国际指示无异于解除了王明右倾的武装。那时,抗日战争已进行了一年多,正处在由战略防御阶段转入战略相持阶段的重要关头,迫切需要总结全国抗战以来的经验和教训,克服王明右倾投降主义,统一全党的认识和步调,确定党在抗战新阶段的基本方针和任务。王稼祥回国,就将召开党的六届六中全会提上了议事日程。①

1938年9月29日,扩大的六届六中全会在延安桥儿沟的天主教礼堂开幕。参加会议的中央委员17人,各部门和来自全国各地区负责人39人。会期长达近39天,是党的六大以来出席人数最多的一次中央全会。

会场是位于延安东关桥儿沟的天主教堂。今天我们所看到的教堂内部

1938年9月上旬,周恩来、王明、博古、徐特立等从武汉回到延安,参加中共六届六中全会,受到毛泽东、朱德等中央领导人及部队战士和延安各界群众的欢迎

---

① 程中原:《转折关头:张闻天在1935—1943》,当代中国出版社,2012年3月版,第215页。

陈设仍然是按照六届六中全会的原貌布置的，主席台正中悬挂的是马恩列斯的画像，中间是鲜艳的党旗。主席团成员毛泽东、张闻天、周恩来、朱德、项英、王稼祥、王明、秦邦宪、陈云、刘少奇、彭德怀、康生等在主席台就座。主席台上方的会标是中国共产党第六届中央委员会扩大的第六次全体会议。两侧的横幅标语是这次大会的口号：坚持统一战线和坚持党的独立性，才能克服困难战胜敌人；只有马克思列宁主义的理论才是指导中国革命走向胜利的指南针。

大会由张闻天主持并致开幕词，毛泽东代表中央政治局做了题为《论新阶段》的政治报告和会议结论，最后由王稼祥致闭幕词。

桥儿沟天主教堂内景

10月12日，毛泽东在做《论新阶段》的报告中，总结了抗战以来的经验教训，不点名地批判了王明"一切经过统一战线、一切服从统一战线"的右倾投降主义论调，强调了中国共产党在统一战线中坚持独立自主的重要性。在报告的《中国共产党在民族战争中的地位》一节中，毛泽东专门就马克思主义的理论进行了论述。他说：马克思主义必须和中国的具体特点相结合，并通过一定的民族形式才能实现。马克思列宁主义的伟大力量，就在于它是和各个国家具体的革命实践相结合的。号召全党反对教条主义，废止洋八股，提倡新鲜活泼的、为中国老百姓所喜闻乐见的中国作风和中国气派，从而首次提出了马克思主义中国化的命题和任务。

11月5日，毛泽东做总结发言，全会通过了《中共扩大的六中全会政治决议案》，确定了以毛泽东为核心的中央政治局的正确路线。

六届六中全会是我党历史上具有重要意义的一次会议，其历史功绩在于：正确地分析了抗战的形势，制定了党在抗战时期的基本政策；克服了党内右倾投降主义错误，确立了党在统一战线中的独立自主原则，保证了党对抗日战争的领导；尤其是会议确立了毛泽东在全党的领袖地位，为党领导抗战胜利，奠定了坚实的基础。全会还第一次鲜明地提出了"马克思主义中国化"的命题和任务，为此后全党大兴理论学习之风，树立理论联系实际的马克思主义学风，形成实事求是的思想路线发挥了重要的作用。

会议期间，鲁艺专门为与会代表演出了三幕话剧《打虎沟》。街头诗运动的倡导者柯仲平则在延安大礼堂的石灰墙上，亲手刷写了墙头诗：

啊同志们！战呵战！

你好好掌舵，我好好摇桨；

中国共产党扩大的六届六中全会主席团合影。前排左起：康生、毛泽东、王稼祥、朱德、项英、王明；后排左起：陈云、博古、彭德怀、刘少奇、周恩来、张闻天

不怕暴风暴,不怕狂浪狂,
我们中国共产党,越在危险的关头上,越有坚定的方向。
……
啊同志们!战啊战!
战到黄昏后,夜吗夜深沉,
西不见长庚,东不见启明,
我们指着北斗星前进;
在那夜深沉的时候,我们党中央是北斗星。①

---

① 艾克恩编:《延安文艺运动纪盛》,文化艺术出版社,1987年1月版,第90页。

> 我们现在钱虽少但还有，饭不好但有小米饭，要想到有一天没有钱、没有饭吃，那该怎么办？无非三种办法，第一饿死；第二解散；第三不饿死也不解散，就得要生产。我们来一个动员，我们几万人下一个决心，自己弄饭吃，自己搞衣服穿……

生产运动号角吹响了

1938年的毛泽东（博斯哈德摄，瑞士苏黎世联邦理工学院现代历史档案馆提供）

自从中国共产党举起了抗战救国的大旗，倡导并积极建立全民族的抗日民族统一战线，全国各地的有志青年、爱国人士纷纷投奔延安，有的加入了八路军奔赴抗战最前线，有的则在抗大、陕公、鲁艺等学校求学，学习抗战本领，有的则从事大后方的各项建设活动。

而随着非生产人员的大量增加，也给延安和陕甘宁边区的物资保障工作带来了严峻的挑战。如何做到既不要过于增加老百姓的负担，又能够解决好吃饭、生活问题，自然就成了需要面对的紧迫问题了。

对此，作为中共领袖的毛泽东是清楚的，也是清醒的。依靠自己的力量，解决越来越多来到延安和陕甘宁根据地人员的生活问题，已经纳入了具有远见卓识的毛泽东的工作规划中。

1938年12月8日，在一次后方军事系统干部会上，毛泽东说了这样一段话：我们现在钱虽少但还有，饭不好但有小米饭，要想到有一天没有钱、没有饭吃，那该怎么办？无非三种办法，第一饿死；第二解散；第三不饿死也不解散，就得要生产。我们来一个动员，我们几万人下一个决心，自己弄饭吃，自己搞衣服穿，衣、食、住、行统统由自己解决，我看有这种可能。①

当时的情况是，虽然陕甘宁边区物质条件非常艰苦，但也并未出现严重的缺钱、缺粮食的现象，而作为中共领袖的毛泽东已经在筹划假如有一天，面对没有钱、没有饭吃时，应该怎么办的问题。在毛泽东看来，共产党也有他的作风，就是：艰苦奋斗！这是每一个共产党员，每一个革命家的作风。②因此，依靠自己的力量，自己动手，自己解决衣食住行问题，就成了毛泽东给出的答案。

几天之后，12月12日，在抗大干部举办的晚会上，毛泽东在报告中再次提道：以后我们要自己解决物质上的供给，要自己种地，自己动手。③一天之后，12月13日晚，中共中央组织部召开延安党政军及各群众团体检查工作的干部晚会，毛泽东出席了这次活动，并代表中共中央书记处做报告，号召延安市各机关深入检查工作，同时积极推进生产运动，各机关各部队各团体每一个人均须参加生产运动，以克服当前困难。④12月14日，毛泽东参加中央书记处会议，专门讨论生产运动的准备问题。

短短几天之内，代表中央出席各种活动的毛泽东，都在反复强调着一个

---

① 中共中央文献研究室编：《毛泽东年谱》中卷，中央文献出版社，2002年8月版，第98页。
② 毛泽东：《在陕北公学第二期开学典礼上的讲话（1938年4月1日）》，《毛泽东著作专题摘编》下，中央文献出版社，2003年11月版，第2132—2133页。
③ 中共中央文献研究室编：《毛泽东年谱》中卷，中央文献出版社，2002年8月版，第99—100页。
④《新中华报》1938年12月20日，第3版。

延安 1938

毛泽东在延安枣园纸厂劳动

主题：依靠广大干部，依靠各机关、各部队、各团体、各学校的力量，开展生产运动。延安历史上，具有伟大意义并且具有强烈时代特征的生产运动的号角就此吹响！

1938年12月20日，延安《新中华报》连续发表了一组文章，主题就是开展生产运动。当天社论的题目是《广泛开展生产运动》。社论首先分析了抗战即将由持久战的第一阶段转到第二阶段的过渡时期。在这一时期中，我们将遇到更严重的困难。面对困难，特别是保证各地区物资供应的自给自足，就成为非常重要的工作之一。为此，首先在边区内，要广泛开展生产运动。社论指出，广泛开展生产运动，一方面要促进国防经济建设，努力提高工业农业的生产力，激发工人农民以及广大劳动人民的生产热忱；另一方面，它是群众运动，应发动各级党、政、军及各群众团体中的全部工作人员，积极参加生产运动。并提出号召：大家学习生产！大家参加生产运动去！把生产运动造成广大的群众运动！

《新中华报》第3版刊登的吴力永写的《在边区广泛开展生产运动》一文，则对如何做到自给自足，给出了具体的措施：

一、在农业上：边区有广大的未开垦的荒地，今后每个边区的人民，不论群众也好，工作人员也好，战士也好，至少开垦荒地一垧（一万平方米）。自己耕作收获，吃的问题，就可以解决。假使你多喂几个鸡羊等牲畜，你的生活，就过得好些，衣服等问题在你的努力之下也可以解决。因此要求全边区的人民以及各部门工作同志，在明年春耕时来一个每人开垦一垧劳作运动。

二、在手工业上：假使你会纺纱织布，那你每天抽出一部分时间来纺纱织布，每一个人只要自己在手工业上有什么特长，只要是能达到生产自给的，都可以自己去做。多做一些，还可以解决他人的一部分困难。①

在接下来的分析中，还针对大家可能会出现的思想问题做了解答：要做工作，又要生产，是不是能够办得到呢？能办到，能不能自给呢？我们答复，可以办到，而且能够自给。理由很简单，在中国过去，八口之家，二三人劳作，一家人的衣食住都可以解决，今天我们每一个同志都是体强力壮的，有多年革命斗争的经验，是不成问题的，可以做到，而且可以做得很好。②

在同一报纸的第4版，则从历史和现实两个角度，论述了开展生产运动的两个根据：

毛泽东同志最近号召机关学校工作人员学生，各部队指战员参加生产运动，来解决长期抗战中的物质困难。这一号召，必然会取得广大群众的拥护。

发展一般的生产运动，来解决抗战中的物质供给，是否有可能呢？我们肯定地回答，有充分的可能，而且是有根据的。

什么是我们的根据呢？

第一，历史的根据：因为自有人类以来，人都要依靠自己的手，来解决衣食住的问题。原始时代，人类与自然恶兽做斗争，也是依靠自己的手。以后进一步地建设房屋，种植谷米，以解决住食；种棉花，织布成衣，解决穿衣问题。就是近代资本主义社会，大规模的工业生产，也是依靠工人群众的劳动而创造出来的。今天我们虽然遭遇着许多困难，然而我们有克服困难的基础，何况今天又不是原始时代的社会呢！原始时代的人，能够征服自然的困难，难道在今天的环境下的我们，就不能克服物质上的困难么？决不会的！

---

①② 吴力永：《在边区广泛开展生产运动》，《新中华报》1938年12月20日，第3版。

中共中央在陕甘宁边区参议会大礼堂召开生产总动员大会

第二，事实上的根据：这里我们有着更多的理由，有着更宝贵的经验和教训。因为这是事实，谁也不能把事实掩盖起来。在内战时的八路军，物质的困难，是我们所体验过，也是一部分人所想像得到的。自己熬盐，发动群众种植棉花，自己做成衣服。种菜蔬，喂猪，那是非常普遍的现象。再举最近的事实吧：八路军留守处号召各部队自己做鞋袜、手套，结果今冬的鞋袜手套，各部队一律由自己来解决，甚而有许多自做衣服的。这难道还不明显吗？①

文章由此得出结论：发展生产运动，不仅是可能而且是必须的。问题的中心，是在于很好地动员、吸收全部工作人员来参加。发动大家，依靠自己的双手，来解决自己衣、食、住等问题。文章最后表示：在我们大家的努力下，一定能使生产运动取得很大的成绩，以我们的实际工作，来响亮地回答毛泽东同志的号召！

至此，我们看到了，在毛泽东先后数次代表中共中央发出了生产运动的号角之后，作为党报的延安《新中华报》刊登了社论再次进行动员，并针对如何进行生产运动、从哪些方面去做以及怎样认识生产运动这一新生事物，用不同的篇幅进行了深入的阐述。领袖的动员号角已经吹响了，大家的思想认识也已到位，下一步就是落实了。

---

① 《开展生产运动的两个根据》，《新中华报》1938年12月20日，第4版。

作为培养抗日军政干部的学校，抗大在 1938 年就积极响应政治部提出的生产运动的口号，发动了生产运动，包括种菜、喂猪、养鸡、牧畜和出版事业等。据当时抗大校刊《抗大动态》报道：

> 现在这个生产运动，在全校人员中风起云涌地开展起来，他们流行着一种口号："三期的同学可以挖窑洞，难道我们第四期的同学就不能够开荒种菜吗？"抗大每一个人特别是学员，深刻了解生产运动的意义，它不只是在经济上开源节流，帮助学校解决经费问题，改善各队自己的营养，使同学们自己多吃些可口的菜蔬与肥美的猪肉，而且更有伟大的意义。这教育着同学以刻苦耐劳的方法，锻炼同学艰苦卓绝的意志，它是由实践中去学习艰苦的工作作风的一种方法。[①]

为此，在抗大学员中，以及在抗大的工作人员和干部中，自觉形成了劳动的氛围。借农具、垦荒地、买种子、找肥料……在课余活动中，漫山遍野都是劳动的人群。他们还成立了生产小组，学校则组织了生产委员会，统筹生产活动的开展。

1938 年底，党的六届六中全会以后，大生产运动就在以延安为中心的陕甘宁边区广泛地开展起来了。从此以后，各单位、各部门、各学校，包括毛泽东、朱德等党和军队领导人在内，都有了生产任务。当时兼任马列学院院长的张闻天还在全院大会上亲自动员，说明劳动大生产的意义，宣布马列学院的生产任务是打 148 石 5 斗粮食。随后大家热火朝天地上山开荒。吃过早饭带上馒头，中午不回来，就在山上休息，找点草根树枝烤热馒头，吃完继续开垦。"开荒开荒""二月里来好春光"的歌声响彻山头。[②]

延安的其他单位也响应着大生产运动的号角，自觉奔赴生产运动的最前线。

延安时期开展的轰轰烈烈的大生产运动，就此拉开了帷幕！

[①]《动员社："抗大动态"（1938 年版）》，教育科学研究所筹备处编：《老解放区教育资料选编》，人民教育出版社，1959 年 5 月版，第 208 页。

[②] 裴桐：《回忆马列学院图书馆》，吴介民编：《延安马列学院回忆录》，中国社会科学出版社，1991 年 4 月版，第 215 页。

> 我们不仅对于现有的劳动英雄就认为满足,我们还要创造出千百万的劳动英雄,在明年开一个更大的给奖大会。

光荣的劳动英雄

1938年4月,延安的甘泉县、靖边县分别以县长的名义向邻近的安塞县、安定县的县长发出挑战,围绕春耕生产进行劳动竞赛。接到挑战书的安塞县、安定县毫不示弱,积极应战。安塞县县长在公开的答复信中还增添了新的竞赛内容,包括加强对春耕工作的领导检查,限期完成开荒、修水田及植树计划,发动广大妇女儿童参加生产等补充条款。①

这种劳动竞赛活动,在延安并不少见。1938年,陕甘宁边区政府还积极筹划着农业竞赛展览会,并提前发布消息,这就不仅仅是两个县之间的比赛,而是全边区范

劳动竞赛

---

① 《关于春耕竞赛 安塞响亮地答复甘泉》,《新中华报》1938年5月10日,第2版。

围内各个县区的劳动竞赛了。

不仅如此,为了配合农业生产,各地还广泛地开展了向在生产建设中做出突出成绩的劳动英雄学习的活动。

如 1938 年 5 月 10 日《新中华报》报道了延安县春耕运动中两个女英雄的事迹:

延安县中区庙沟有一个年上六十三岁的姓党的老婆婆,她非常清楚地了解日本强盗残暴的行为,也很清楚妇女应该做什么!她说:"我老了,不能去打仗,我要我的孩子到学校去学习打日本的本领,而我自己还是可以参加生产的。"于是她将孙子送到学校里去,自己则每天走到田地上帮助下种子,从早到晚地参加劳动。

另外在中区朱家沟有一个抗日军人家属,叫高玉蓝,今年三十多岁了。她非常了解春耕运动的意义,也很努力地工作,她自动地拾了二十多布袋粪,她说:"我自己虽然不能做大事,但是可以劳动,我并不要人家优待,好叫他们有时间去干别的抗战工作。"

这两个妇女的精神,真是值得大家学习。①

邻近延安的甘泉县,同样有这方面的典型,延安《新中华报》也做了报道:

春耕运动在甘泉县,是相当激发了全体劳动人民的热潮。不仅壮年热烈参加这一工作,就是五六十岁的老汉老婆婆也卷入了这一浪潮中。该县第二区一乡二行政村贺家洼地方,有个姓杨的老太婆,今年五十二岁,在春耕动员中,由于当地动员工作的深入,提高了她劳动热忱。她家中没有一头牛,用自己的力去换取别人的牛力,种了几垧熟地。后来她又用了锄头种了九垧熟地,共计一个人种十八垧地,均已下了种子。这是春耕中的劳动女英雄。②

不仅在春耕生产中,夏耕生产中的劳动英雄,也值得表扬:

---

① 《春耕运动中两个女英雄》,《新中华报》1938 年 5 月 10 日,第 2 版。
② 《生产战线上的女英雄》,《新中华报》1938 年 6 月 20 日,第 2 版。

延安1938

在延安县东一区房桥村住着一个老婆婆有五十多岁了。春天里,她和她年轻的女孩子,亲手种了十七八垧地,现在,她在七月间已把草锄过了。有人问她:"你年纪老了,叫你儿子多劳动点不好吗?"老婆婆回答说:"我的儿子还担负工作,他要抬担架,又要放哨,也要上操、开会,我多做点好叫他去干抗战工作。"并且她还担任了本村妇女学习生产小组长,经常宣传妇女都来效仿她的好例子。①

安塞县七区的妇女们,一贯是生产战线上的模范。在秋收之际,她们互相帮助,按时完成秋收任务。特别是二乡王家湾的卞生枝、卞生财两家,有地300垧,他们却很少雇人,而且一半以上的秋收任务是靠妇女来完成。剩下的男劳力则开垦荒地,原计划要开60垧地,已经顺利开到40垧了。②

在今天我们看来可能很细小的事,在当时的延安,却是大张旗鼓地来宣传报道的。之所以这样做,就是为了鼓励和动员更多的群众向英雄模范学习,人人都做劳动模范。报道中采用的都是老百姓一看就懂的平实的语言,无疑是要把这种倡导、这种导向传达到每一个老百姓中间。

不仅如此,后来由边区政府建设厅在延安《新中华报》所开办的经济建设专栏中,还为表现突出的农民白秀华立传!为普通的老百姓立传,这可是开天辟地的新鲜事:

(白秀华)夫妇二人今年共担任的代耕某工作人员地为三垧,这次秋收中,因为男人去帮助国防建设,只留下她一人负责。她不气馁,也不急工,一人帮助人家劳动七天,每天工作终要到晚黑才回家去做饭吃。因此这不单使某抗属感动非常,并且也激动了四乡群众,起了很大的模范作用!她是妇联会会员,参加妇女生产小组。她积极地参加各种抗战社会活动。如今年五月间有卫生部伤兵过境,全村出五十个鸡蛋慰劳伤兵,而她独拿了二十六个!这次征收救国公粮,她应该出一斗,可是她缴了一斗二升,

---

①《夏耕女英雄》,《新中华报》1938年8月30日,第3版。
②《一群模范女性 开荒地努力文化教育 送子弟入学热心捐助》,《新中华报》1938年10月10日,第3版。

多出二升，结果使全村所缴的公粮超出预定二斗余！①

　　1938年8月，边区建设厅还对表现突出的几位劳动英雄进行了奖励，并把他们的姓名、住址、家庭人口、劳动人口、耕地面积、收获量、开荒土地等情况一一公布，这既是对劳动英雄的一种崇高的个人荣誉，也借此号召大家向他们学习、向他们看齐。延安《新中华报》报道：

　　边区政府为鼓励边区农业的发展，保证明年一月十五日边区农产竞展会得以顺利实现起见，特首先在延安调查出几位在生产战线的劳动英雄，（在边区内当然还说不上是最高的标准）予以物质上精神上的奖励，借此以提高农民的生产热忱。建设厅并请求党政军各首长送题字及其他物品，以作奖励。为了大家容易了解这几位劳动英雄，特将其姓名生产程度录后。②

　　当年年底，陕甘宁边区政府开展了一次劳动英雄评选表彰活动。虽然这次评选表彰只是在延安周边的县区进行，总共评选出19位男女劳动英雄，但从政府层面，大张旗鼓地评选劳动英雄并开大会表彰，这就更有动员和宣传的意义了。

　　延安《新中华报》对这次表彰活动进行了比较详细的报道：

　　边府为了使明年后年的农业耕作做得更好，成效更大起见，于是有这一次的给劳动英雄以奖品。先在十二月七日那天，边府建设厅厅长刘景范同志及农牧科各同志，在延安县府召开给奖大会。到会群众百余名，劳动英雄七位（有女英雄二位）。在大会上刘景范同志指出："我们不仅对于现有的劳动英雄就认为满足，我们还要创造出千百万的劳动英雄，在明年开一个更大的给奖大会。"

　　大会上陈列着许多的奖品，并有毛泽东同志、洛甫同志、林主席、高代主席、林彪将军等首长给劳动英雄的题字。得奖的劳动英雄共有十九位，他们的名字，便是：刘金和、胡建仓（女）、曹金贵、张拐子、白秀英（女）、刘建中、贺怀旺、茆克平、付万岐、吴满友、马桂花（女）、惠恩详、张老三、

---

① 《边区劳动英雄传》，《新中华报》1938年12月15日，第3版。
② 《建设厅奖励延安县几位劳动英雄》，《新中华报》1938年8月30日，第3版。

陕甘宁边区的劳动英雄

宋桂花、刘协置、张明魁、王存儿、李桥、杜发富。共发给奖品计有袜子二十九双,毛巾六十六条,蓝布七丈六尺,白布两段,铧十六叶,锄一把,肥皂八块。①

在今天看来,也许这些奖品显得微不足道,但在当时这却是极高的荣誉。特别是毛泽东等党政军领导人还为每一位劳动英雄题词。要知道,当时以延安为中心的陕甘宁边区已经在开展轰轰烈烈的包括识字、扫盲在内的新文化运动了。这些曾经一字不识、耕作为生的"泥腿子"们,不仅享受到了被评为劳动英雄的极高荣誉和物质奖励(哪怕是一双袜子、一条毛巾,甚至是一块肥皂),更得到了首长们的亲笔题字,可想而知,对于一边参加生产、一边参加边区政府组织的文化扫盲的老乡们来说,这份题词是多么珍贵!

劳动光荣!评选劳动英雄就是为了鼓励所有的老百姓努力生产,共同建设自己的美好家园。1938年底,不仅面向广大的工人、农民,更是向在延安以及陕甘宁边区的各个机关、各个学校、各个单位的广大干部、部队

---

① 立光:《生产战线上的光荣 边府奖励劳动英雄》,《新中华报》1938年12月20日,第3版。

官兵、学生等，吹响了开展轰轰烈烈大生产运动的号角。这样一来，在再次评选的劳动英雄的光荣榜上，就不仅仅是已经做出了突出贡献的吴满有、马桂花这些农民，还将会有各级干部、官兵以及吃"公家饭"的学生了！

我歌唱延安[①]（代后记）

何其芳

何其芳，原名何永芳，四川万县（今重庆万州）人。早年在家读私塾，后到万县读小学和中学。1929年秋考入上海中国公学预科，1930年秋进清华大学外文系学习，1931年至1935年在北京大学哲学系学习。1936年出版诗歌合集《汉园集》，同年出版散文集《画梦录》，并获得《大公报》文艺金奖。大学毕业后，何其芳先后在天津南开中学和山东莱阳乡村师范学校任教。七七事变爆发后，何其芳回到故乡四川，先后在四川省立万县师范学校和成都联合中学教书，并与人创办抗战刊物，宣传抗日。1938年8月14日，何其芳与沙汀、卞之琳一起北上，历时18天，行程1500公里，于8月31日到了延安。同年9月在鲁迅艺术学院任教，后任鲁艺文学系主任。

《我歌唱延安》是何其芳到延安后写的第一篇散文。这篇文章曾经传诵一时，由于作者响亮地喊出了一代进步青年的心声，受到革命根据地、以及国统区知识界的广泛关注和重视。

延安的城门成天开着，成天有从各个方向走来的青年，背着行李，燃

[①] 何其芳：《我歌唱延安》，何其芳著，蓝棣之编：《何其芳全集》第2集，河北人民出版社，2000年5月版，第39页。原载于《文艺战线》1939年2月16日创刊号。

烧着希望，走进这城门。学习，歌唱。过着紧张的快活的日子。然后一群一群地，穿着军服，燃烧着热情，走散到各个方向去。

在青年们的嘴里，耳里，想象里，回忆里，延安像一只崇高的名曲的开端，响着洪亮的动人的音调。

这简短到只有两个字音的名字究竟包括着什么呢？

包括着三个山：西山，清凉山，宝塔山。

包括着两条河：延水，南河。

包括着在三个山的中间，在两条河的岸上的人民。

……

包括着中国共产党中央委员会，毛泽东同志，陕甘宁边区政府。

包括着一些学校：抗日军政大学，陕北公学，鲁迅艺术学院……

包括着不断的进步：

两年以前红军未到的时候，这是一个荒凉的穷苦的城，然而人民的背上压着繁重的捐税，每月每家要出几元或者几十元。现在，商业繁荣了起来，有了三万以上的资本的商号。

一年以前，红军已改成了八路军的时候，人口还只有四五千，饭铺只有四五家，使用着木头挖成的碟子，弯的树枝做成的筷子；商店没有招牌，买错了东西很难找到原家去换，因为它们有着同样肮脏，同样破旧的面貌；大礼堂没有凳子，舞台上只有一盏煤气灯，十几只洋蜡做成的"脚灯"，简单的舞蹈和"活报"。现在，人口增加成一万多，街上充满了饭铺，饭铺里有了叫"蜜汁咕噜"或者"三不粘"的延安特别菜；所有的商店都换上了蓝底白字的招牌，浅蓝色的铺板，像换上了新的整齐的衣冠；大礼堂演着三幕戏，放映着有声电影，《夏伯阳》或者《十月革命中的列宁》，而且观众要按门票上的号数入座。

两月以前，当我坐着车子，大睁着眼睛走进这个城的时候……在这短短的两个月中也有了许多改变了。代替了一下雨便泥泞难走的土路，一条石板铺成的漂亮的街道从南门一直伸到城中央的鼓楼而且还在向前爬行，

不久便会伸到北门前去。

这个活着的城像一个活着的人,不断地生长,不断地改变它的面貌。

"延安有什么可写呢?延安只有三个山……"我们这民族的巨人毛泽东同志穿着蓝布制服,坐在一间窑房里的一条小白木桌前,幽默地客气地微笑着向我们说,当我们告诉他想写延安……但是他接着很正经地,很肯定地,虽说仍是客气地加上:"也有一点点儿可写的。"

一点点儿?依据我两个月来的理解,依据我诚实的语言,这个形容词的正确的解释应当是"很多很多"。我充满了印象。我充满了感动。然而我首先要大声地说出来的是延安的空气!

自由的空气。宽大的空气。快活的空气。

我走进这个城后首先就嗅着,呼吸着而且满意着这种空气。

这里没有失学或者失业的现象。没有乞丐。没有妓女。对于外面的深怀成见,专门造谣中伤的人们,这里流行着一个非常宽大的称呼:"顽固分子"。

你觉得太宽大了吗?

"是呀,太宽大了!"一位曾经在巴黎生活了十年的女作家大声地叫着说。因为她非常关心延安。因为她听说日本报纸上已登出了这里的后方医院的照片。因为她认为有些不三不四的新闻记者应当加以限制。因为他们有着值一千块钱以上的夜间可以摄影的开麦拉①。

但是这对延安并不是什么了不起的损害,敌人直接地或者间接地买去了一张照片。敌人的特务机关布满华北,敌人买去了众多的华北地形的测量图,然而却买不去更众多的华北的人民,在华北许多城市失陷以后,我们还是陆续地建立起来了许多游击根据地。

你还是认为对外面来的人应当加以限制吗?

"不,我们不愿加一点儿限制,"一位高级工作同志在一个集会里说,"我们认为到延安来的知识分子都是中华民族的精华。假若有一万个科学

---

① 开麦拉,英文 camera 的音译,即照相机、摄影机。

家、工程师要到延安来,我们就挖五千个窑洞给他们住。"他说到抗大的名额满后在从这里到西安的沿途的电线杆上都贴着"抗大停止招生""抗大停止招生",但还是有许多青年徒步走来,而且来后还是得到了学习或工作的机会,没有一个人被拒绝回去。他说到认识人不能单看缺点,而且从缺点也可以看出长处:骄傲的人有自信心,可以把计划好的工作交他去做;怯懦的人谨慎,可以当会计;吊儿郎当的人会交际;而普遍认为背景复杂的人多半经验丰富,知道许多理论,总会接近真理,承认真理……

但是,但是这种自由的宽大的空气不会影响到工作的紧张,生活的严肃吗?

"是的,边区讲民主,又讲集中,"一个从友区来的参观者向我们的陕北公学校长成仿吾同志发问了,"但为什么我们的学习一实行民主便弄得乱七八糟,不能集中呢?"

"是的,边区增进工作效率的方法有突击,竞赛,"另一个参观者,一个友军里的高级政治工作人员也发问了,"但为什么敝军里采用这些方法不能收到效果,而且大家认为什么飞机,乌龟是骗小孩儿的呢?"

"这大概、这大概,"穿着布制服,麻草鞋,端坐在一条木桌前的成仿吾同志回答,"因为边区有着共产党的存在。有一个号召,党员首先便做起来,便没有问题了。"

为着证实这个解释的正确性,一个同志告诉我这样一个小故事:

今年秋天。天气已冷起来了,正在修筑着的汽车路要通过一条小河流。工人们站在河边,望着澄静的寒冷的水,有点儿迟疑,政治委员首先赤脚跳下去,大步走着,说"不冷"。于是大家都跳下去。于是大家在淹没着脚胫的水中工作,直到起来时有些人的脚上的皮肤裂开了,出着血。

这是一个动人的例子。然而一般地说来,在工作的困难的岸边,并不是一定要共产党员先跳下去然后大家才跳。许多非共产党员也一样紧张地工作着。

那么缺点呢?缺点呢?难道一点儿缺点也没有吗?

延安 1938

"说到缺点我却还没有发现。我才到两天。呼吸着这里的空气我只感到快活。仿佛我曾经常常想象着一个好的社会,好的地方,而现在我就像生活在我的那种想象里了。"

两个月以前,当我在鲁迅艺术学院的一个座谈会上这样结束了我的拙劣的谈话,一位曾经学过两年海军的文学系的同志站起来了:

我们的生活也并不是毫无困难。我们写东西的时候没有桌子,只有一块放在膝头上的木板。下雨的天气,从窑洞里走下山来路非常滑,常常一个一个地跌倒,满身是泥。冬夜里钢笔尖都冻结了,要放在嘴里哈几口气才能写字……

两个月以后,当我这样素朴地歌唱着延安,我承认我们的生活并不是毫无困难。但比较一年以前,一般的物质生活已有了很大的进步,而且我们成天紧张地快活地工作着,很少的很细微的物质生活上的困难像放在三床鸭绒被下面的几粒豌豆,恐怕真要传说里的公主睡在那上面才会辗转不安。

所以这不能算作延安的缺点。这一点儿也不能使那些深有成见,专门造谣中伤的"顽固分子"满意。因为他们不相信眼睛,不相信理智,却相信着怪诞的幻想:当八路军在华北建立着,巩固着,发展着许多游击根据地的时候,当八路军的兵士们在前线流着血的时候。他们在后方互相做着鬼脸冷冷地说:"八路军游而不击。"他们的神经非常锐敏,听到"八路军"便联想到"共产",便想到他们的银行存折。

那么错误呢?错误呢?难道每一个人都没有犯过错误吗?

"错误在延安不能长成起来,"一位诗人同志告诉我,"今年春天,抗大的一个小队里竞赛着内务的整齐。因为被窝厚,不容易折成现直角的方形,有人发明了用牙齿把折痕咬成一条直线的方法,而且有人仿效。这把我气着了,我给毛主席去一封信,我说,假若延安出了几个用牙齿咬被窝的斯塔哈诺夫,不但是中国的笑话,而且是世界的笑话。很快地这种错误便被纠正了。"

254

所以我说延安这个名字包括着不断的进步。

所以我们成天工作着，笑着，而且歌唱着。

所以一个青年电机工程师不满意地说："这些人花费太多的时间在唱歌上，但现在还不是唱歌的时候呀。"一年以前，我在外面，我在一本谈延安的小册子上碰见了这样一个老实人，我笑了，我喜欢他。同时我想，延安的人们那样爱唱歌，大概由于生活太苦。然而我错了，刚刚相反地，是由于生活太快乐。

一九三八年十一月十六日夜　延安